SPORTS

普通高等学校新形态公共体育“十三五”规划教材

大学体育

（微课版）

龚乃志 付文 刘究峰◎主 编
黄翔 章国峰 杜兴彬◎副主编

人民邮电出版社
北京

图书在版编目（CIP）数据

大学体育：微课版 / 龚乃志，付文，刘兖峰主编
. -- 北京：人民邮电出版社，2019.9（2020.9重印）
ISBN 978-7-115-51347-2

Ⅰ. ①大… Ⅱ. ①龚… ②付… ③刘… Ⅲ. ①体育－高等职业教育－教材 Ⅳ. ①G807.4

中国版本图书馆CIP数据核字(2019)第157640号

◆ 主　　编　龚乃志　付　文　刘兖峰
副 主 编　黄　翔　章国峰　杜兴彬
责任编辑　王亚娜
责任印制　焦志炜

◆ 人民邮电出版社出版发行　　北京市丰台区成寿寺路 11 号
邮编　100164　　电子邮件　315@ptpress.com.cn
网址　http://www.ptpress.com.cn
北京市艺辉印刷有限公司印刷

◆ 开本：787×1092　1/16
印张：10　　　　2019 年 9 月第 1 版
字数：233 千字　　　　2020 年 9 月北京第 2 次印刷

定价：35.00 元

读者服务热线：(010)81055256　印装质量热线：(010)81055316
反盗版热线：(010)81055315
广告经营许可证：京东市监广登字 20170147 号

前言

大学体育教育是高等职业院校文化教育的重要组成部分，更是高等职业院校通识教育的重要环节。大学体育是引导大学生学习掌握体育知识、增强体质、促进健康的教育活动，对培养和塑造新时代的合格人才有积极的作用。

为了全面推广素质教育，加强体育课程建设，提高体育教学质量，我们组织有关人员，在认真总结目前高等职业院校体育教学的现状，广泛参阅众多优秀大学体育教材的基础上，结合山东省高校体育教学和大学生实际的需要编写了本书。本书在体现现代公共体育教育特色的同时，还加入了健康测评、运动卫生与运动损伤等内容，以加强大学生在体育与健康方面的自我认识，提升其学习兴趣。

本书以“以人为本、健康第一、终身体育”为指导思想，引导大学生走入操场、走进阳光、走进大自然，积极参加体育锻炼；将“我运动、我健康、我快乐”的理念融入大学生的学习和生活中，使大学生形成崇尚运动、重视健康的意识，树立现代社会的健康观。本书融理论和实践为一体，并配有视频微课，以更现代和直观的方式指导大学生们参与到每一个体育单项之中，有利于大学生对各项运动基本理论和技能的掌握。

为丰富教学形式，本书配备了增强现实 App，帮助大学生在有趣的互动中提高对基础运动的感性认识，更加直观地了解运动规律，快速掌握运动要领。增强现实 App（Android 版本）的下载和使用步骤简介如下。

（1）扫描二维码，根据系统提示，选择“在浏览器中打开”。

（2）在打开的相应页面下载“大学体育”App。

（3）在手机桌面找到“大学体育”App，点击图标打开应用。

（4）在输入框中输入您的学校名称。

（5）点击“进入场景”，用手机扫描本书中带“AR”标记的图片，即可进入增强现实学习模式。

本书由长期工作在教学一线、经验丰富的老师共同承担完成。由于时间有限，书中难免有欠妥之处，恳请读者批评指正。

编者

2019 年 6 月

目录

第1章 大学体育概述

Chapter1

一、体育的概念

体育的概念有广义和狭义之分。

① 广义上的体育指以身体练习为基本手段，以增强人的体质，促进人的全面发展，丰富社会文化生活和促进精神文明为目的的一种有意识、有组织的社会活动。

② 狭义上的体育是个体发展身体，增强体质，学习锻炼身体的知识、技能，培养道德和意志品质的接受教育的过程。

二、大学体育课程的意义

大学体育课程是使大学生通过接受科学的体育教育并进行科学的体育锻炼，达到增强体质、增进健康、提高体育素养目标的公共必修课程。对大学生而言，该课程具有以下 4 项意义。

1. 获得体育与健康知识

通过大学体育课程，大学生能够掌握与体育、健康相关的知识和技能，学会基本的运动技巧与方法，逐步养成终身体育的意识和习惯。

2. 增强身体素质

通过大学体育课程，大学生能够提高对自身身体素质和健康的认识，提高自我保健意识，坚持锻炼，增强体能，促进身体健康，养成健康的行为与生活方式。

3. 提高心理健康水平

通过大学体育课程，大学生在各种体育项目中有机会经历挫折、面对困难、挑战自我，从而提高自己的抗压能力和自信心，铸成坚强的意志品质，形成健康乐观、积极向上的生活态度。

4. 提升道德观念

通过大学体育课程，大学生能够培养合作与竞争意识，学会尊重和关心他人，培养良好的体育道德和社会道德，提升集体主义和爱国主义精神。

三、课外体育与竞赛

（一）课外体育的意义和特点

课外体育是学校体育的重要组成部分，是发展课外教育的重要形式和内容，是实施素质教育的重要途径和手段，是奠基终身体育的重要基础和渠道。

课外体育具有以下特点：开放性——活动内容广泛、活动空间广阔；兴趣性——活动形式多样、活动内容丰富；灵活性——项目适时调整、时间自由控制；自主性——学生参与自愿、精英训练自觉；实效性——锻炼全面兼顾、训练区别对待；综合性——独立自成体系、体育课堂延伸。

（二）课外体育的形式和内容

课外体育的组织形式多样：有在学校作息制度中规定的学生必须参加的体育活动，如早操、课间操等；有全校性的课外体育活动，如体育节、体育周（日）、运动竞赛等；有为少数擅长运动的学生组织的课余体育锻炼，如运动队训练等；有校外各种形式的体育活动，如郊游、远足、野营等。

大学生喜爱的体育运动项目存在着年龄的差异、性别的差异、专业的差异，其喜爱项目的多样化与集中化趋势并存。田径、球类、健美、游泳等项目最受欢迎。

（三）课外体育与课堂教学的异同

1. 课外体育和课堂教学的共同点

课外体育与课堂教学共同完成学校体育的目的和任务，坚持健康第一，促进学生身心全面发展，都以身体活动为主，并与思维活动相结合；学生都要承受一定的运动负荷；都要遵循认识事物的一般规律、学生身心发展的规律和动作技能的形成规律等；都要恪守身体全面发展、循序渐进、运动负荷合理、从实际出发等原则。

2. 课外体育和课堂教学的不同点

课外体育，顾名思义，是在“课外”进行的体育活动，与课堂教学有着明显的不同。

就任务而言，课堂教学要教会学生大纲规定的体育知识、技术与技能，凸显教的因素；而课外体育，练的因素更为显著，它主要是“活动”，是“玩耍”。

就组织而言，课堂教学有固定的教师、班组等；而课外体育的组织形式则灵活机动，既可集体游戏，又可自行操练。

就内容而言，课堂教学主要是按照制订的计划进行教学，具有一定的统一性和严肃性；而课外体育则不受此限制，它既可复习课堂教学中教过的内容，又可根据学校的实际条件和学生的兴趣爱好，开展多种多样的运动项目。

就时间而言，课堂教学每周只有两课时，仅少数有条件的学校，安排 3 课时或更多的课时；而课外体育的时间则更为丰富、充裕，能够每天进行。

（四）体育竞赛的组织

1. 赛前准备工作

（1）确立组织方案

组织方案既是各项筹备工作的依据，又是保证竞赛高效、顺利运行的先决条件，一般包括竞赛的名称、性质、目的、任务、意义、规模、组织机构、经费预算、工作步骤等。

（2）拟定竞赛规程

竞赛规程是竞赛工作的法规性文件，具体指导比赛有计划、有秩序、科学、合理地进行。其主要内容包括时间、地点、项目、比赛方法（运动员资格要求、每人限报项数、每项限报人数等）、竞赛规则、参赛资格、名次录取、奖励办法、报名方式、注意事项等。

竞赛规程应由主办单位提前下发到各参赛单位。

（3）构建组织机构

竞赛组织机构的设置既要符合竞赛规模，又要尽量精简，还要职能划分明确。竞赛组主要负责裁判、编排记录、成绩公布、运动员资格审核等工作。政宣组主要负责思想教育、宣传报道、安全保卫等工作。会务组主要负责经费计算、物质供应、公共关系、食宿交通、医疗救护等工作。

（4）制订工作计划

根据组织方案和职能分工，各部门应制订具体、详细的工作计划，包括时间、工作内容、要求、进度、负责人等。运动会的各项工作应按照计划流程有条不紊地推进。

（5）落实赛前工作

赛前工作主要包括组织裁判实习、检查场地器材、确保后勤服务等。

2. 赛中管理工作

竞赛期间，组织与管理工作较为繁重：开幕式、闭幕式的安排，比赛时间的把握，赛场秩序的控制，突发事件的处理，竞赛成绩的公布，裁判队伍的管理，颁奖仪式的设计等，其成效直接影响着赛事的顺利进行。

3. 赛后汇总工作

竞赛结束后，组织工作的主要任务：编印并发放成绩册，财务结算，赛后总结，将相关文件和资料整理归档等。

（五）田径竞赛的编排

1. 编排准备工作

田径竞赛编排前的准备工作包括审校报名表，编排运动员名单和比赛号，统计各项目参赛人数、兼项人数、各代表队参加人数，选聘仲裁及裁判人员，编制竞赛相关表格等，如表1-1～表1-5所示。

表1-1 田径运动会报名表

单位　　　　组别　　　　领队　　　　教练　　　　填表日期

运动员号码	姓名	出生年月	100 m	200 m	……	跳远	跳高	……	备注
每项参加人数									

说明：运动员号码由大会统一填写；参加项目以“√”表示。

联系人：　　　　填表人：

表1-2 径赛检录表和终点记录表

男、女子组　　米　　赛　　共　　组　第　　组　取　　名

道次	1	2	3	4	5	6	7	8
号码								
姓名								
单位								

续表

名次								
成绩								
备注								

记录员：　　检录长：　　终点裁判长：　　计时长：　　竞赛裁判长：　　　年　月　日

表 1-3　女子运动员兼项统计表

项目 / 人数 / 项目	100 m	……	跳远	……
100 m	—			
……		—		
跳远			—	
……				—

表 1-4　田径运动会成绩记录表

名次 / 记录 / 项目	第一名			第二名			第三名			第四名			第五名			第六名			第七名			第八名			备注
	姓名	单位	成绩	姓名	单位	成绩	姓名	单位	成绩	姓名	单位	成绩	姓名	单位	成绩	姓名	单位	成绩	姓名	单位	成绩	姓名	单位	成绩	
100 m																									
……																									
跳远																									
……																									

编排记录公告主裁判：　　　　　　　　　裁判员：

表 1-5　田径运动会竞赛日程安排表

比赛日期					……
比赛单元	上午	下午	上午	下午	
100 m					
……					
跳远					
……					
每日比赛项次					
每日决赛项数					

2. 竞赛日程编排

编排竞赛日程时，应准确把握田径竞赛规则，详细了解本次比赛的竞赛规程，如比赛时间（包括天数和每天的赛时）、项目、录取方法、场地器材、参赛人数等情况，在统筹全局的基础上，寻求最佳方案。

（1）合理控制赛次间隔和比赛时间

赛次的时间间隔是为了保障运动员的适当休息和调整，其最低标准是：200 m 及 200 m 以下各项目为 45 min，200 m 以上至 1 000 m 各项目为 90 min，1 000 m 以上各项目不在同一天举行，全能各单项为 30 min，田赛的及格赛和正式比赛之间应间隔一天，第一天的最后一项与第二天的第一项之间应间隔 10 h。

各项目比赛时间的估算如表 1-6 所示。

表 1-6 各项比赛时间估算

径赛项目	每组用时（min）	田赛项目	每组用时（min）
100/200/400 m	4～6	跳高	总人数×8～10
800 m	6～8	撑竿跳高	总人数×13～15
1 500 m	8～10	跳远	（总人数+8）×3～4
3 000 m、3 000 m 障碍	15～20	三级跳远	（总人数+8）×3～4
5 000 m	20～25	铅球	（总人数+8）×3～4
10 000 m	40～50	铁饼	（总人数+8）×4～5
100/110/400 m 栏	5～7	标枪	（总人数+8）×4～5
4×100/400 m 接力	8～10	链球	（总人数+8）×5～6
5 000 m 竞走	40～45		
10 000 m 竞走	70～90		

注：不同项目换项或同项目换组时需增加 5～10 min；跨栏跑的每组用时不含摆撤栏时间，摆撤栏需增加 5～10 min；同一项目，女子组用时较长，男子组用时较短。

（2）科学减少兼项冲突和各类干扰

兼项的一般规律：100 m 和 200 m，200 m 和 400 m，400 m 和 800 m，400 m 和 400 m 栏，800 m 和 1 500 m，3 000 m 和 5 000 m，5 000 m 和 10 000 m，100 m 和跳远，跳远和三级跳远，100 m 和 4×100 m 接力，400 m 和 4×400 m 接力，铅球和铁饼等。为减少兼项冲突，应尽量将相关项目分开编排。

此外，还应尽可能减少自然环境、场地器械等对比赛的干扰。例如，撑竿跳高要考虑阳光的照射方向，且比赛时间较长，一般应在上午进行；同一时间，不要安排两个田赛长投项目（如铁饼、标枪、链球），以免造成场地交叉，这样不但会增加裁判工作的困难，而且易导致伤害事故。

（3）全面考虑整体赛程和实际需要

① 某些性质相近的项目要注意先后顺序，距离应由短到长。例如，先 100 m 后 200 m，先 800 m 后 1 500 m，先 5 000 m 后 10 000 m，先铅球后铁饼，先跳远后三级跳远等。

② 径赛中不同组别、性别的同一径赛项目，最好衔接安排，以便于裁判工作和场地器材的布置。

③ 短距离项目，若赛次较少，应尽量安排在一单元或一天内结束。

④ 跨栏项目，一般安排在各单元之首尾，抑或长距离跑之后；不同项目的跨栏，不可连排。

⑤ 每个单元的比赛中，尽量安排径赛和田赛同时结束，还要尽可能地避免某些场地出现“冷场”。

⑥ 决赛项目和观赏性较强的项目应分开编排，使赛场气氛始终保持热烈、活跃。

⑦ 全部比赛临近结束时，可安排长距离项目或适当减少比赛项目，以便于计算总成绩和举行闭幕仪式。

3．竞赛分组编排

（1）径赛项目

① 径赛项目分组的方法有蛇形法和斜线法两种。

蛇形法：若有报名成绩，可采用蛇形法分组。例如，有 6 条跑道，男子 100 m 参赛 23 人，先按运动员成绩高低排序，然后按蛇形排列，把运动员分别编入各组。

一组	↓1		8	→	9	16	→	17	
二组	2		7		10	15		18	23
三组	3		6		11	14		19	22
四组	4	→	5		12	→ 13		20 →	21↑

斜线法：若无报名成绩，且人数较多，可采用斜线分组法。将参加该项的运动员卡片（或号码）按单位依次上下排列，再按斜线通过的卡片（或号码）分组。例如，男子 100 m 预赛 21 人，按成绩取前 8 名参加决赛，6 条跑道，分 4 组，如表 1-7 所示。

表 1-7　斜线分组法

单位号码顺序	中文系	地理系	数学系	化学系	教育系	外语系	政治系
1	1001	2002	⌒3001	4001	5002	6001	⌒7005
2	1003	2004	3002	⌒4003	5003	6002	7007
3	⌒1006	2005	3008	4009	⌒5007	6003	7008

第一组　1001　2004　3008　5002　6002　7008

第二组　2002　3002　4009　6001　7007

第三组　3001　4003　5007　7005　1006

第四组　4001　5003　6003　1003　2005

② 径赛项目分组的注意事项。应根据各项目的参赛人数、赛次、录取方法、跑道数（直道、弯道）及裁判员的情况等，进行分组。

每组人数应尽量均衡，避免同一单位的运动员排在同一组里（尤其是预赛时）。

按名次录取分组时，应把成绩优秀的运动员分别编排在各组内；按成绩录取分组时，可将成绩较好与较差的运动员搭配分组，也可把成绩较好的运动员相对集中地编在一组内（一般排在第二组或第三组）。

不分道的径赛项目，按成绩相近的原则分组，每组人数不宜过多，一般在 15 人以内。通常把成绩较好的运动员集中在第一组。

初赛时，按照随机原则，进行组次和道次抽签（不分道的项目则是起跑位置抽签），排出各组比赛顺序和各组中每位运动员的比赛道次。复赛时，800 m 及以下距离的分道项目，每组运动员均分两次抽取比赛道次——列前 4 名的运动员抽取第 3、第 4、第 5、第 6 跑道；列后 4 名的运动员抽取第 1、第 2、第 7、第 8 跑道。只有 6 条分道时，成绩较好的前 3 名抽第 2、第 3、第 4 跑道，后 3 名抽第 1、第 5、第 6 跑道。

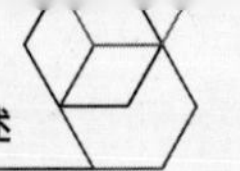

可以按照成绩进行道次分配，以 8 条跑道为例，由内向外排列，直道项目为 4、5、3、6、2、7、1、8。弯道项目为 3、2、4、5、6、7、8、1。

（2）田赛项目

田赛项目的比赛一般不分组，比赛的次序在裁判长监督下由大会随机抽签排定。

报名人数较多（≥18 人）时，一则可在正式比赛前举行及格赛，由大会根据参赛运动员的水平规定一定的标准，明确地写入秩序册，不达标者没有资格参加正式比赛；二则可分组进行比赛。各组的比赛场地、气象、风向等条件必须基本相同。若条件允许，远度项目可分组在不同的场地同时进行前 3 轮比赛，取成绩最优的前 8 名运动员合并成一组再进行后 3 轮比赛。高度项目在不同场地分组比赛时，每次横杆提升的高度应相同，淘汰一定人数后，再合并为一组继续比赛。

（3）全能项目

男子十项全能和女子七项全能运动必须在连续的两天内按规定的顺序赛完（见表 1-8）。

表 1-8　全能比赛顺序表

第一天	男	100 m、跳远、铅球、跳高、400 m
	女	100 m 栏、跳高、铅球、200 m
第二天	男	110 m 栏、铁饼、撑竿跳高、标枪、1 500 m
	女	跳远、标枪、800 m

全能项目的分组、分道和排序方法，与径赛、田赛各单项相同。但最后一项，应根据前几项得分进行分组，成绩最低的运动员为第一组，以此类推，成绩最高的一组运动员为最后一组。

全能的每一个单项，均应单独进行抽签。田赛项目的比赛顺序，除第一项由编排人员在监督之下抽签确定外，其余各项均由运动员当场抽签排定。

4．编印秩序册

秩序册一般包括下列内容：封面（运动会名称、主办单位、竞赛日期），目录，竞赛规程、竞赛须知、补充通知，组织委员会人员名单，办事机构及工作人员名单，技术代表、技术官员、仲裁委员、裁判员名单，代表队名单（运动员姓名、号码对照表），竞赛日程，各项目参赛运动员名单及人数统计，分组名单，相关纪录和等级标准，比赛场地平面图等。

5．记录公告编排

记录公告的作用是接收、审核各项比赛成绩，发布成绩公告和后继赛次录取名单，记录得分和奖牌数目，统计破纪录的项目、人数、人次等。

第2章 健康测评

Chapter2

一、说明

① 《国家学生体质健康标准》(以下简称《标准》)是国家学校教育工作的基础性指导文件和教育质量基本标准，是评价学生综合素质、评估学校工作和衡量各地教育发展的重要依据，是《国家体育锻炼标准》在学校的具体实施，适用于全日制普通小学、初中、普通高中、中等职业学校、普通高等学校的学生。

② 本标准的修订坚持健康第一，落实《国家中长期教育改革和发展规划纲要(2010—2020 年)》《国务院办公厅转发教育部等部门关于进一步加强学校体育工作若干意见的通知》(国办发［2012］53 号)和《教育部关于印发〈学生体质健康监测评价办法〉等三个文件的通知》(教体艺［2014］3 号)有关要求，着重提高《标准》应用的信度、效度和区分度，着重强化其教育激励、反馈调整和引导锻炼的功能，着重提高其教育监测和绩效评价的支撑能力。

③ 本标准从身体形态、身体机能和身体素质等方面综合评定学生的体质健康水平，是促进学生体质健康发展、激励学生积极进行身体锻炼的教育手段，是国家学生发展核心素养体系和学业质量标准的重要组成部分，是学生体质健康的个体评价标准。

④ 本标准将适用对象划分为以下组别：小学、初中、高中按每个年级为一组，其中小学为 6 组、初中为 3 组、高中为 3 组。大学一、二年级为一组，三、四年级为一组。

⑤ 小学、初中、高中、大学各组别的测试指标均为必测指标。其中，身体形态类中的身高、体重，身体机能类中的肺活量，以及身体素质类中的 50 m 跑、坐位体前屈为各年级学生共性指标。

⑥ 本标准的学年总分由标准分与附加分之和构成，满分为 120 分。标准分由各单项指标得分与权重乘积之和组成，满分为 100 分。附加分根据实测成绩确定，即对成绩超过 100 分的加分指标进行加分，满分为 20 分；小学的加分指标为 1 min 跳绳，加分幅度为 20 分；初中、高中和大学的加分指标为男生引体向上和 1 000 m 跑，女生 1 min 仰卧起坐和 800 m 跑，各指标加分幅度均为 10 分。

⑦ 根据学生学年总分评定等级：90.0 分及以上为优秀，80.0～89.9 分为良好，60.0～79.9 分为及格，59.9 分及以下为不及格。

⑧ 每个学生每学年评定一次，记入“《国家学生体质健康标准》登记卡”。特殊学制的学校，在填写登记卡时可以按规定和需求相应地增减栏目。学生毕业时的成绩和等级，按毕业当年学年总分的 50%与其他学年总分平均得分的 50%之和进行评定。

⑨ 学生测试成绩评定达到良好及以上者，方可参加评优与评奖；成绩达到优秀者，

方可获体育奖学分。测试成绩评定不及格者，在本学年度准予补测一次，补测仍不及格，则学年成绩评定为不及格。普通高中、中等职业学校和普通高等学校学生毕业时，《标准》测试的成绩达不到 50 分者按结业或肄业处理。

⑩ 学生因病或残疾可向学校提交暂缓或免予执行《标准》的申请，经医疗单位证明，体育教学部门核准，可暂缓或免予执行《标准》，并填写“免予执行《国家学生体质健康标准》申请表”，存入学生档案。确实丧失运动能力、被免予执行《标准》的残疾学生，仍可参加评优与评奖，毕业时《标准》成绩需注明免测。

⑪ 各学校每学年开展覆盖本校各年级学生的《标准》测试工作，《标准》测试数据经当地教育行政部门按要求审核后，通过“中国学生体质健康网”上传至“国家学生体质健康标准数据管理系统”。测试和数据上传时间由教育行政部门确定。

⑫ 本标准由教育部负责解释。

二、单项指标与权重（大学）

单项指标与权重（大学）如表 2-1 所示。

表 2-1　单项指标与权重（大学）

测试对象	单项指标	权重（%）
大学各年级	体重指数（BMI）	15
	肺活量	15
	50 m 跑	20
	坐位体前屈	10
	立定跳远	10
	引体向上（男）/1 min 仰卧起坐（女）	10
	1 000 m 跑（男）/800 m 跑（女）	20

注：体重指数（BMI）= 体重（kg）/身高 ^{2}（m^2）。

三、评分表

体重指数（BMI）单项评分表、大学各年级评分表、大学加分指标评分表如表 2-2～表 2-4 所示。

表 2-2　体重指数（BMI）单项评分表　　单位：kg/m^2

等级	单项得分	大学男生	大学女生
正常	100	17.9～23.9	17.2～23.9
低体重	80	≤17.8	≤17.1
超重		24.0～27.9	24.0～27.9
肥胖	60	≥28.0	≥28.0

表 2-3　大学各年级评分表

	项目	男生肺活量（mL）		女生肺活量（mL）		男生 50 m 跑（s）		女生 50 m 跑（s）		男生坐位体前屈（cm）		女生坐位体前屈（cm）	
等级	单项得分	大一、大二	大三、大四	大一、大二	大三、大四	大一、大二	大三、大四	大一、大二	大三、大四	大一、大二	大三、大四	大一、大二	大三、大四
优秀	100	5 040	5 140	3 400	3 450	6.7	6.6	7.5	7.4	24.9	25.1	25.8	26.3
	95	4 920	5 020	3 350	3 400	6.8	6.7	7.6	7.5	23.1	23.3	24.0	24.4
	90	4 800	4 900	3 300	3 350	6.9	6.8	7.7	7.6	21.3	21.5	22.2	22.4
良好	85	4 550	4 650	3 150	3 200	7.0	6.9	8.0	7.9	19.5	19.9	20.6	21.0
	80	4 300	4 400	3 000	3 050	7.1	7.0	8.3	8.2	17.7	18.2	19.0	19.5
及格	78	4 180	4 280	2 900	2 950	7.3	7.2	8.5	8.4	16.3	16.8	17.7	18.2
	76	4 060	4 160	2 800	2 850	7.5	7.4	8.7	8.6	14.9	15.4	16.4	16.9
	74	3 940	4 040	2 700	2 750	7.7	7.6	8.9	8.8	13.5	14.0	15.1	15.6
	72	3 820	3 920	2 600	2 650	7.9	7.8	9.1	9.0	12.1	12.6	13.8	14.3
	70	3 700	3 800	2 500	2 550	8.1	8.0	9.3	9.2	10.7	11.2	12.5	13.0
	68	3 580	3 680	2 400	2 450	8.3	8.2	9.5	9.4	9.3	9.8	11.2	11.7
	66	3 460	3 560	2 300	2 350	8.5	8.4	9.7	9.6	7.9	8.4	9.9	10.4
	64	3 340	3 440	2 200	2 250	8.7	8.6	9.9	9.8	6.5	7.0	8.6	9.1
	62	3 220	3 320	2 100	2 150	8.9	8.8	10.1	10.0	5.1	5.6	7.3	7.8
	60	3 100	3 200	2 000	2 050	9.1	9.0	10.3	10.2	3.7	4.2	6.0	6.5
不及格	50	2 940	3 030	1 960	2 010	9.3	9.2	10.5	10.4	2.7	3.2	5.2	5.7
	40	2 780	2 860	1 920	1 970	9.5	9.4	10.7	10.6	1.7	2.2	4.4	4.9
	30	2 620	2 690	1 880	1 930	9.7	9.6	10.9	10.8	0.7	1.2	3.6	4.1
	20	2 460	2 520	1 840	1 890	9.9	9.8	11.1	11.0	−0.3	0.2	2.8	3.3
	10	2 300	2 350	1 800	1 850	10.1	10.0	11.3	11.2	−1.3	−0.8	2.0	2.5

	项目	男生立定跳远（cm）		女生立定跳远（cm）		男生引体向上（次）		女生仰卧起坐（个/min）		男生 1 000 m 跑		女生 800 m 跑	
等级	单项得分	大一、大二	大三、大四	大一、大二	大三、大四	大一、大二	大三、大四	大一、大二	大三、大四	大一、大二	大三、大四	大一、大二	大三、大四
优秀	100	273	275	207	208	19	20	56	57	3'17"	3'15"	3'18"	3'16"
	95	268	270	201	202	18	19	54	55	3'22"	3'20"	3'24"	3'22"
	90	263	265	195	196	17	18	52	53	3'27"	3'25"	3'30"	3'28"
良好	85	256	258	188	189	16	17	49	50	3'34"	3'32"	3'37"	3'35"
	80	248	250	181	182	15	16	46	47	3'42"	3'40"	3'44"	3'42"
及格	78	244	246	178	179			44	45	3'47"	3'45"	3'49"	3'47"
	76	240	242	175	176	14	15	42	43	3'52"	3'50"	3'54"	3'52"
	74	236	238	172	173			40	41	3'57"	3'55"	3'59"	3'57"
	72	232	234	169	170	13	14	38	39	4'02"	4'00"	4'04"	4'02"
	70	228	230	166	167			36	37	4'07"	4'05"	4'09"	4'07"
	68	224	226	163	164	12	13	34	35	4'12"	4'10"	4'14"	4'12"

续表

	项目	男生立定跳远（cm）		女生立定跳远（cm）		男生引体向上（次）		女生仰卧起坐（个/min）		男生 1 000 m 跑		女生 800 m 跑	
等级	单项得分	大一、大二	大三、大四	大一、大二	大三、大四	大一、大二	大三、大四	大一、大二	大三、大四	大一、大二	大三、大四	大一、大二	大三、大四
及格	66	220	222	160	161			32	33	4'17"	4'15"	4'19"	4'17"
	64	216	218	157	158	11	12	30	31	4'22"	4'20"	4'24"	4'22"
	62	212	214	154	155			28	29	4'27"	4'25"	4'29"	4'27"
	60	208	210	151	152	10	11	26	27	4'32"	4'30"	4'34"	4'32"
不及格	50	203	205	146	147	9	10	24	25	4'52"	4'50"	4'44"	4'42"
	40	198	200	141	142	8	9	22	23	5'12"	5'10"	4'54"	4'52"
	30	193	195	136	137	7	8	20	21	5'32"	5'30"	5'04"	5'02"
	20	188	190	131	132	6	7	18	19	5'52"	5'50"	5'14"	5'12"
	10	183	185	126	127	5	6	16	17	6'12"	6'10"	5'24"	5'22"

表 2-4 大学加分指标评分表

	男生引体向上（次）		女生仰卧起坐（次）		男生 1 000 m 跑		女生 800 m 跑	
加分	大一、大二	大三、大四	大一、大二	大三、大四	大一、大二	大三、大四	大一、大二	大三、大四
10	10	10	13	13	-35"	-35"	-50"	-50"
9	9	9	12	12	-32"	-32"	-45"	-45"
8	8	8	11	11	-29"	-29"	-40"	-40"
7	7	7	10	10	-26"	-26"	-35"	-35"
6	6	6	9	9	-23"	-23"	-30"	-30"
5	5	5	8	8	-20"	-20"	-25"	-25"
4	4	4	7	7	-16"	-16"	-20"	-20"
3	3	3	6	6	-12"	-12"	-15"	-15"
2	2	2	4	4	-8"	-8"	-10"	-10"
1	1	1	2	2	-4"	-4"	-5"	-5"

注：引体向上、1 min 仰卧起坐均为高优指标，学生成绩超过单项评分 100 分后，以超过的次数所对应的分数进行加分；1 000 m 跑、800 m 跑均为低优指标，学生成绩低于单项评分 100 分后，以减少的秒数所对应的分数进行加分。

第3章 运动项目实践

Chapter3

3.1 田径运动

田径是世界上最为普及的体育运动之一，历史悠久，被誉为“运动之母”。本节简要介绍田径运动的起源和发展历程，从田赛和径赛中选取跳高、跳远、三级跳远、铅球、短距离跑、中长距离跑、跨栏跑、接力跑等项目，对其技术要领进行详细阐述。

一、田径运动简介

田径运动是由田赛、径赛、公路赛、竞走和越野赛组成的。以高度和远度计算成绩的跳跃、投掷项目统称为田赛，以时间计算成绩的竞走和跑的项目统称为径赛。全能运动由跑、跳、投的部分项目组成，以各单项成绩按“田径全能运动评分表”换算分数、计算成绩。

1896 年在希腊举行的第 1 届现代奥运会上，走、跑、跳跃、投掷等 12 个田径项目被列为主要比赛项目，这成为现代田径运动开始的标志。1912 年，国际田径联合会成立，确立了国际统一的田径竞赛项目和竞赛规则，开始组织国际田径比赛。

田径运动是比速度、比高度、比远度、比耐力的运动，很好地体现了“更高、更快、更强”的奥林匹克运动精神。在奥运会中田径比赛设有 47 枚金牌，是奥运金牌设置最多的运动。

标准的田径场一般由外场、中场及内场 3 部分组成。

1. 外场

外场指径赛跑道外侧，主要包括建筑看台或其他有关设施。一般而言，仅供教学和训练的田径场外场留几米即可，而标准田径场四周则要留出几十米的空间。

2. 中场

中场指径赛跑道所占据的空间，内圈周长 400 m，为椭圆形。弯道为半圆形，半径为 36.5 m。直道要沿南北方向，以避免太阳位置低时的炫目影响。一般设 8～10 条分道，每条分道宽 1.22～1.25 m。跑道内侧的安全区域不少于 1 m，起跑区不少于 3 m，冲刺缓冲段不少于 17 m。跑道左右倾斜度最大不得超过 1∶1 000，跑的方向上的向下倾斜度不得超过 1∶1 000。

3. 内场

内场指供田赛或球类比赛使用的部分。

二、田径项目技术要领

（一）跳跃类

1. 跳高

跳高要求运动员通过快速助跑，经单脚起跳，越过一定高度的横杆。它能有效地增强腿部肌肉力量，提高弹跳力、灵敏度和协调性。

跳高起源于古代人类在生活和劳动中越过垂直障碍的活动。从生存的本能需要，到健身的手段、娱乐的项目，跳高随着社会经济、文化的发展而演变。最初的跳高比赛是在草地上进行的。运动员面对两根木桩之间的绳子，通过助跑起跳，双腿屈膝越过。现代跳高始于欧洲，19 世纪 60 年代开始流行于欧美国家。男、女跳高分别于 1896 年（第 1 届奥运会）、1928 年（第 9 届奥运会）被列为奥运会比赛项目。

跳高的技术动作先后出现过 5 次重大演变，即跨越式、剪式、滚式、俯卧式和背越式，如图 3-1～图 3-5 所示。当代跳高运动趋向于以速度为核心，即要求助跑速度快、起跳速度快、过杆速度快。

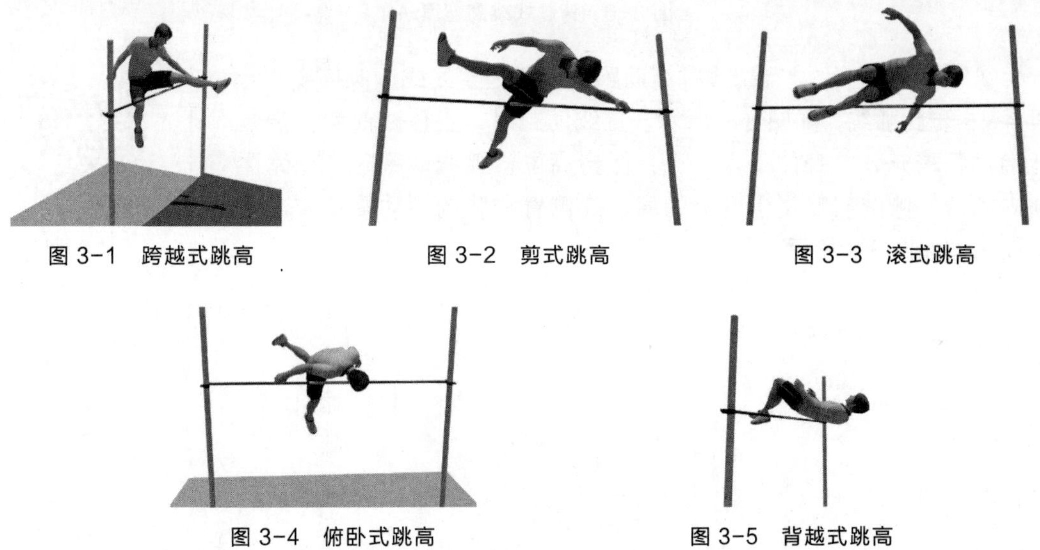

图 3-1　跨越式跳高

图 3-2　剪式跳高

图 3-3　滚式跳高

图 3-4　俯卧式跳高

图 3-5　背越式跳高

背越式跳高以特定的弧线助跑，起跳后背对横杆腾起，连续动作如图 3-6 所示。背越式跳高是现代最常用的一种跳高技术，由助跑、起跳、过杆和落地几个不同的技术环节组成。

（1）助跑环节

助跑的任务是获得必要的水平速度和蹬地力量，调整适宜的动作节奏，形成合理的身体内倾姿势，为起跳和顺利过杆创造有利条件。

① 助跑的起动。助跑起动的方式有两种：原地起动（直接从助跑点上开始助跑的方式）和行进间起动（预先走动或跑动 3～5 步，然后踏上助跑点开始助跑的方式）。原地起动有利于助跑步点的准确性，步长相对固定，但动作较紧张，加速较慢；行进间起动则动作自然、放松，加速较快，但助跑步点不易准确。

图 3-6　背越式跳高连续动作

② 助跑的路线。背越式跳高助跑的前段为直线或近似直线，后段 4～5 步跑弧线，如图 3-7 所示。直线助跑时，上体略前倾，步幅开阔，后蹬充分，身体重心平稳且保持高位；弧线助跑时，身体逐渐内倾，外侧的肩略高于内侧的肩，外侧臂和腿的摆动幅度较之内侧要大，如图 3-8 所示。

背越式跳高

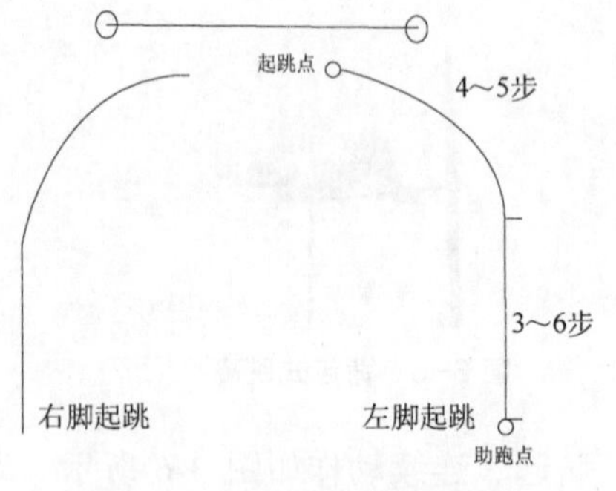

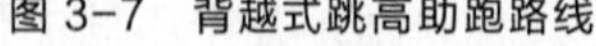

图 3-7　背越式跳高助跑路线

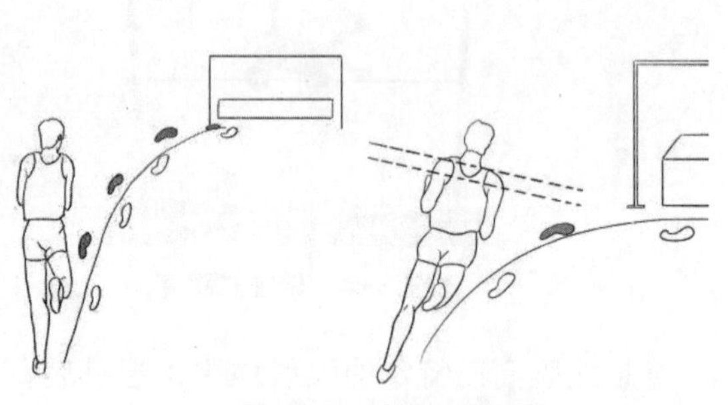

图 3-8　助跑动作要领

③ 助跑的距离。助跑距离指从助跑点到起跳点的距离，全程一般为 8～12 步，距离最长可达 30 m 左右。

④ 助跑的节奏。助跑节奏的具体表现为步频（单位时间内两腿的交换次数）与步长在助跑中的变化。背越式跳高助跑的节奏要求从慢到快，前几步慢，后蹬充分，腾空较大；最后 3～5 步加快频率，但步长变化要小；最后 1 步，争取最快。

⑤ 助跑的技术要点。整个助跑过程的动作应该自然、放松、快速、连贯，全程节奏明确、逐渐加速。最后 1 步，摆动腿的动作极为关键。腿着地时，积极下压拔地，形

成牢固支撑，身体重心迅速前移，进入起跳状态。

（2）起跳环节

起跳是背越式跳高的关键技术。其任务是迅速改变人体运动方向，实现最大垂直速度和合理的腾空角度，为顺利过杆创造条件。

起跳环节包括起跳脚踏上起跳点，起跳腿经过支撑、缓冲、蹬伸，蹬离地面跳起，摆动腿蹬离地面与臂协调摆动，达到最高位置。起跳腿指用于蹬伸起跳的腿，多选择较有力的腿。摆动腿指起跳时用于协调配合起到摆动作用的腿。

在助跑的最后一步身体内倾达到最大限度时，摆动腿用力后蹬，推动髋部迅速前移，使起跳腿快速踏上起跳点，形成肩轴与髋轴交叉扭紧姿势，如图 3-9 所示。接着，起跳脚以脚跟外侧着地并迅速过渡到全脚掌，脚尖朝向助跑弧线的切线方向，起跳腿自然屈膝并被压紧。随着身体由内倾转为垂直，起跳腿的髋、膝、踝 3 个关节依次迅猛发力，快速完成蹬伸起跳的动作。

蹬伸结束时，起跳腿的髋、膝、踝 3 个关节应该充分伸直，使身体垂直于地面，以保证身体向垂直方向充分腾起，如图 3-10 所示。

图 3-9　起跳环节技术

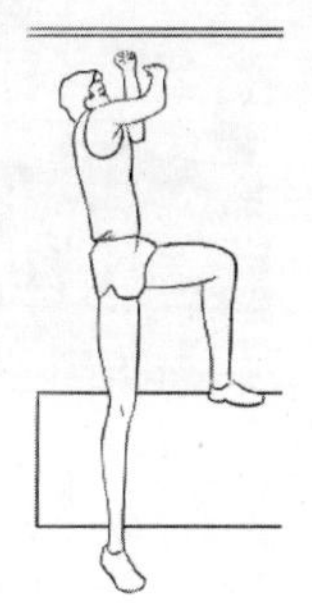

图 3-10　蹬伸结束动作

（3）过杆与落地环节

过杆与落地环节指起跳腾空后，头、肩、背、腰、髋、腿等身体的各部分利用合理的技术动作依次越过横杆，并安全地落在海绵包上的过程。

起跳结束时，充分伸展身体，向上腾起。利用摆动腿的力量尽量提高髋部位置，然后摆动腿同侧的臂、肩领先过杆，顺势仰头、倒肩、挺髋。头与肩过杆后下沉，髋部高过两膝，身体形成反弓形。当髋部越过横杆时，顺势收腹，带动小腿向上甩，整个身体越过横杆，保持屈髋、伸膝的姿势下落，使肩背先着垫，如图 3-11 所示。

仰头过杆后顺势收下颌，避免头部最先落地，造成颈部受伤。

2. 跳远

跳远是通过快速的助跑和有力的起跳，采用合理的腾空姿势和动作，使人体腾跃出尽可能远的水平距离的运动项目。它能有效地发展弹跳力和协调性，增强神经系统、循环系统和运动器官的机能。

图 3-11　过杆与落地

跳远起源于远古人类猎取或逃避野兽时跨越河沟的活动，后成为军事训练的手段，也是公元前 708 年古代奥运会五项全能项目之一。现代跳远运动始于英国，男、女跳远分别于 1896 年（第 1 届奥运会）和 1948 年（第 14 届奥运会）被列为奥运会比赛项目。

跳远技术包括助跑、起跳、腾空和落地 4 个环节，如图 3-12 所示。

AR
启动增强现实动画

图 3-12　跳远技术包括的后 3 个环节

腾空（2）

落地（1）

落地（2）

图 3-12　跳远技术包括的后 3 个环节（续）

（1）助跑环节

① 助跑的任务。助跑的任务是获得最大的水平速度，为准确踏板和迅速有力地起跳做好准备。

② 助跑的起动方式。助跑的起动方式有原地起动和行进间起动两种。前者更适合于初学者。

③ 助跑的加速方式。助跑常用的加速方式有两种，即平稳加速（也称为逐渐加速）和积极加速。平稳加速方式：开始步频较低，然后逐渐加大步长或在保持步长的基础上提高步频，加速过程均匀平稳，时间较长。其助跑动作比较轻松，起跳时踏板的准确性好，成绩比较稳定。积极加速方式：上体前倾较大，步频始终保持较高的水平。其助跑动作比较紧张，起跳时踏板的准确性差，适合于绝对速度较快的运动员。

④ 助跑距离。助跑距离指从助跑起点到踏跳板的距离。一般而言，技术水平越高，速度越快，助跑距离越长。男子助跑距离为 35～45 m，18～24 步；女子助跑距离为 30～35 m，16～18 步。助跑距离并非固定不变，可以根据环境条件的变化和个人的身体情况进行相应的调整。

⑤ 助跑节奏。助跑节奏表现为对步长、步频变化的控制，以利于快速提升速度。跳远助跑的最后几步呈加速状态，身体重心适当下降，为快速起跳做好准备。

（2）起跳环节

起跳的任务是利用助跑所获得的最高速度，瞬间创造尽可能大的腾起初速度（是由助跑、起跳所产生的水平速度合成的）和适宜的腾起角度，使身体充分向前上方腾起。

起跳是跳远技术中最重要的环节。起跳的动作过程可分为起跳脚着地（上板）、缓冲和蹬伸 3 个阶段，如图 3-13 所示。着地要迅速且富有弹性，缓冲时要及时、积极地前移身体，蹬伸是爆发式动作，要快而有力。

起跳时，要抬头挺胸，上体正直，提肩、拔腰，髋、膝、踝 3 个关节要充分蹬直，蹬摆配合要协调，一致用力。

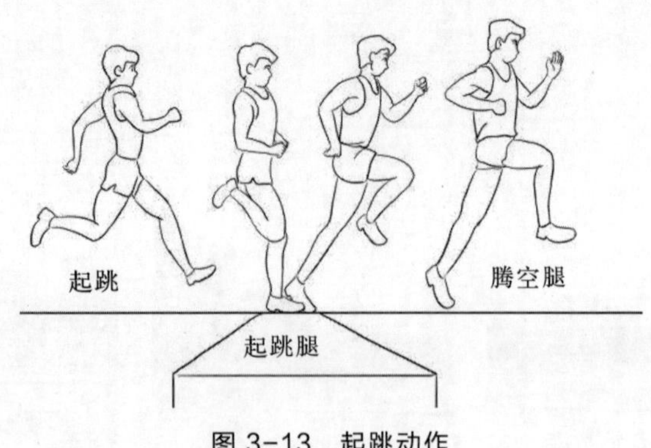

图 3-13　起跳动作

（3）腾空环节

腾空环节指起跳后人体在空中维持身体平衡、完成各种动作的环节。跳远的腾空动作目前主要有挺身式、蹲踞式和走步式 3 种姿势，如图 3-14 所示。

图 3-14　跳远腾空动作的 3 种姿势

① 挺身式。采用挺身式时，起跳成腾空步（起跳结束时，身体姿势在空中的延续）后，摆动腿下落，膝关节伸展，小腿由前向下向后呈弧形摆动，两臂下垂经由体侧向后上方绕环摆动，起跳腿自然回摆向摆动腿靠拢，形成空中挺胸展髋的姿势。继而收腹举腿，大腿向胸部靠拢，小腿前伸，两臂上举或后摆，顺势落地。

② 蹲踞式。采用蹲踞式时，起跳成腾空步后，上体保持正直，腿继续向上摆动，起跳腿顺势屈膝前摆，逐渐靠近摆动腿，使两腿屈膝在空中成蹲踞姿势。然后收腹举腿并前伸小腿，两臂由后向前摆动，使身体重心前移，顺势落地。

③ 走步式。采用走步式时，起跳成腾空步后，以髋关节为轴，摆动腿，用大腿带动小腿，由前向后下方摆动，同时起跳腿屈膝前摆，向上抬起大腿，前伸小腿，在空中自然地完成换步动作。两臂与下肢协调配合做大幅度直臂绕环摆动或自然前后摆动，然后摆动腿顺势前摆，两腿靠拢，收腹举腿，前伸小腿，顺势落地。在空中完成一次换步后落地的称为“两步半”走步式，完成两次换步后落地的称为“三步半”走步式。

（4）落地环节

落地环节指腾空后落入沙坑的着地动作环节。其任务是选择合理的技术，获得较大的跳跃距离，并防止伤害事故的发生。

完成腾空动作后，收腹举腿，小腿前伸，脚尖勾起，两臂向后摆动。脚跟触及沙面后，迅速屈膝缓冲，臀部顺势前移，两臂由后向前摆动，上体前倾，成团身姿势，平稳地落入沙坑。

此外，落地时还可以采用侧倒式：脚跟着地后，一条腿保持稍紧张状态支撑沙地，另一条腿放松，上体顺势向放松腿的前侧方卧倒。

落地时无论采用何种姿势，都应顺势缓冲，身体重心前移，以保证安全。

3. 三级跳远

三级跳远是经过一定距离的直线助跑后，通过3次连续跳跃（单足跳、跨步跳、跳跃）达到尽可能远的水平距离的运动项目，如图3-15所示。它能有效地增加下肢力量，提升弹跳力、灵敏度和协调性，增强支撑器官（腿、足、膝、踝等）和内脏器官的功能。

三级跳远起源于爱尔兰，当时的跳法是“单足跳+单足跳+跳跃”。后来，又出现了希腊式的“跨步跳+跨步跳+跳跃”和苏格兰式的“单足跳+跨步跳+跳跃”。1908年，国际田径联合会确定苏格兰跳法为正式的三级跳远比赛技术。

三级跳远比赛时，运动员助跑后应连续完成3次不同形式的跳跃：第一跳为单足跳，用起跳腿落地；第二跳为跨步跳，用摆动腿落地；第三跳为跳跃，必须用双脚落入沙坑。男、女三级跳远分别于1896年（第1届奥运会）和1992年（第25届奥运会）被列为奥运会比赛项目。

助跑

单足跳

跨步跳

跳跃+落地

图3-15 三级跳远

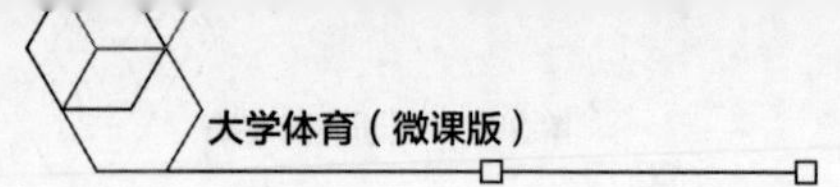

三级跳远技术可以分为助跑、第一跳（单足跳）、第二跳（跨步跳）和第三跳（跳跃）4 个部分。每一跳均包括起跳、腾空和落地环节。

（1）助跑技术

水平速度是决定三级跳远成绩的关键因素。助跑的目的就在于获得尽可能大的水平速度，为单足起跳做好准备。

三级跳远的助跑技术与跳远基本相同，但第一跳起跳的腾起角（指人体离地时，身体重心腾起初速度方向与水平线构成的角度）较小，因此整个助跑过程中身体重心较高，加速平稳，强调向前行。最后几步，大腿高抬，上体正直，在保持步长或适当减少步长的情况下，加快步频，准备起跳。

助跑距离取决于个人的加速能力。加速能力强，则助跑距离短；反之，则助跑距离长。助跑距离一般为 35～40 m，相当于 18～22 步。

（2）第一跳（单足跳）技术

三级跳远的起跳是以单足跳的形式完成的。这一跳不仅要达到必要的远度，而且要尽可能减少水平速度的损失，为后两跳创造条件。

第一跳以有力的腿做起跳腿。助跑的最后一步，在摆动腿积极蹬地向前送髋时，起跳腿的大腿快速下压，小腿自然前伸，用全脚掌迅速积极地踏板。起跳腿着地后，迅速屈膝屈踝缓冲，摆动腿快速向前上方大幅度摆出，两臂配合下肢动作有力地摆动，起跳腿迅速、及时地进行爆发性蹬伸。

起跳离地后，身体保持腾空步姿势。摆动腿使小腿随大腿下放，自然地从前向下、向后摆动，同时髋部上提，起跳腿屈膝前摆高抬，带动髋部前移，两臂配合经体前摆向身体侧后方，形成空中交换步的动作，幅度大且平稳，如图 3-16 所示。单足跳的腾空轨迹应尽量低而平，理想的起跳角度为 12° ～15° 。

图 3-16　第一跳技术

完成交换步的起跳腿前摆蹬伸，迅速、有力地用全脚掌着地，两臂和摆动腿配合起跳腿动作向前摆动。落地点尽量接近身体重心投影点，上体保持正直。

（3）第二跳（跨步跳）技术

三级跳远的第二跳为跨步跳，如图 3-17 所示，它在三跳中难度最大、距离最短、身体重心的抛物线最低。起跳角度与单足跳几乎相同，一般为 12° ～14° 。

当单足跳落地时，起跳腿积极完成缓冲并快速、有力地蹬离地面，髋、膝、踝关节充分伸展。摆动腿迅速屈膝向前上方摆动，足尖上挑，大小腿成 90° 角，膝部应摆至身体重心的上方。同时，上体保持正直或稍前倾，两臂成弧形向侧后方摆动，完成跨步跳的腾空跨步动作，如图 3-17 所示。注意保持身体平衡，并达到必要的远度。

跨步跳结束时，髋部前移，摆动腿大腿下压，膝关节伸展，小腿顺势由前向后用全脚掌落地并积极“后扒”，两臂由后向前上方摆动，完成第二跳的落地动作。

图 3-17　第二跳技术

（4）第三跳（跳跃）技术

第三跳是以第二跳的摆动腿做起跳腿，起跳角度应稍大，一般为 18°～20°。

起跳腿着地后应适度屈膝屈踝积极缓冲，上体正直，髋部上提，迅速、有力地蹬直离地。同时，摆动腿迅速屈膝向前上方高抬摆动，两臂则由体侧后方积极地向前上方摆动，保持腾空步动作，如图 3-18 所示。

第三跳的空中和落地动作与跳远时一样，可以选择蹲踞式、挺身式或走步式。

图 3-18　第三跳技术

（二）投掷类

铅球是一种速度力量型投掷项目，它协调利用人体全身的力量，运动员以最快的出手速度，将铅球从肩上锁骨窝处单手推出。它能有效地增强躯干及四肢尤其是腰背的肌肉力量，提高速度，提升协调性。

铅球起源于古代人类用石块猎取禽兽或防御攻击的活动，大致经历了投掷石块、投掷炮弹和推铅球 3 个阶段。现代铅球运动始于 14 世纪 40 年代欧洲炮兵闲暇时推掷炮弹的游戏和比赛。铅球的制作经历了用铅、铁及外铁内铅的过程。推铅球的技术大致经历了 4 个阶段的演变：原地推铅球、侧向滑步推铅球、背向滑步推铅球、旋转推铅球。

正式比赛时，男子铅球的质量为 7.26 kg，直径 11～13 cm；女子铅球的质量为 4 kg，直径为 9.5～11 cm。投掷圈直径为 2.135 m，前缘装有抵趾板。扇形有效落地区的角度为 34.92°。男、女铅球分别于 1896 年（第 1 届奥运会）和 1948 年（第 14 届奥运会）被列为奥运会比赛项目。

背向滑步推铅球的技术要领包括（以右手为例）握球和持球（见图 3-19）、准备姿势、滑步、最后用力、缓冲（见图 3-20）。

背向滑步推铅球

图 3-19　握球和持球

准备姿势

滑步

最后用力　　　　缓冲

图 3-20　背向滑步推铅球技术要领

1. 握球和持球

握球和持球时，五指自然分开，将球体置于食指、中指和无名指的指根处，拇指和小指扶住球体两侧，手腕后屈（见图 3-19），以防止球体滑动并便于控制出球的方向。

手指力量较强者，可将球适当移向手指的上方，有利于拨球和发挥手腕的力量。

握好球后，将球放在右肩锁骨窝处，紧贴颈部，掌心向前，右臂屈肘，肘部稍外展且略低于肩，上臂与身体的夹角约为 45°。

将铅球的重心固定在食指、中指的指跟或第二指骨处。

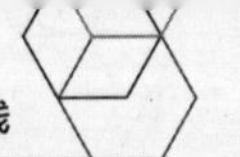

2. 准备姿势

准备姿势是滑步前的准备动作，目的是为协调、平稳地进入滑步创造条件。

（1）高姿势

高姿势的动作要领：持球后背对投掷方向，两脚前后开立，相距 20～30 cm，右脚尖靠近投掷圈后端内沿（脚也可稍向内转），体重主要落在伸直的右腿上；左腿在后自然弯曲，以前脚掌或脚尖着地；上体放松，头部和躯干保持正直，左臂自然上举，如图 3-21 所示。

（2）低姿势

低姿势的动作要领：持球后背对投掷方向，两脚前后开立，相距 50～60 cm（根据身高和下蹲的程度而定）。两腿弯曲（弯曲程度视个人力量而定），体重落于右腿。右脚尖贴近投掷圈后端内沿（脚也可稍向内转），左脚在后，以前脚掌或脚尖着地。左臂自然下垂，左肩稍向内扣，上体前屈与地面平行，两眼注视前下方。铅球的投影点在右脚的右侧前方，如图 3-22 所示。

图 3-21　高姿势

图 3-22　低姿势

3. 滑步

滑步使铅球获得一定的水平方向的起始速度，并使身体形成最后用力的有利姿势。

滑步前可以先做一两次预摆（也可不做），以改变身体的静止状态。预摆时，左腿自然弯曲，大腿用力向后上方摆起，右腿伸直，同时上体前屈，左臂微屈前伸或下垂并稍向内，头与背保持一条直线，如图 3-23 所示。当左腿摆至与地面平行时，收回左腿，同时右腿弯曲，形成屈膝团身的姿势。

图 3-23　滑步

当左腿收回靠近右腿时，臀部后移。左腿向投掷方向快速摆出，同时右腿用力蹬伸。当右脚蹬离地面后，迅速拉收小腿并向内转动，用前脚掌着地，落于圆心附近。同时左脚积极下落，以前脚掌内侧落在圆圈直径的左侧。两脚着地的时间相隔越短越好。此时肩轴与髋轴成扭紧状态，左脚尖与右脚跟约在一条直线上（对投掷方向而言）。

滑步过程中左臂和左肩保持内扣，头部保持向右后方的姿势，以保证上体处于扭紧状态，如图 3-24 所示。

图 3-24 滑步动作要领

4．最后用力

最后用力阶段为从左脚落地到铅球出手。

左脚落地的瞬间，右腿继续向投掷方向转动并积极蹬伸，转髋转体。同时上体逐渐抬起，左臂向胸前左上方摆动，左肩高于右肩，大部分重心仍落在弯曲而压紧的右腿上，身体成“侧弓状”，如图 3-25 所示。

随着右腿蹬伸，右髋和右肩前送，身体重心由右腿快速移至左腿。随即两腿充分蹬伸，抬头（稍有后仰），屈腕且稍向内转，右臂迅速而有力地将球推出，如图 3-26 所示。

图 3-25 最后用力阶段

图 3-26 推出铅球的动作

5．缓冲

铅球出手后，右腿随势前摆，着地于左脚附近；左腿后摆，两腿交换并弯曲，以降低身体重心，缓冲向前的冲力，维持身体平衡，防止出圈犯规。

（三）跑步类

1. 短跑

短距离跑（简称短跑）包括 400 m 及 400 m 以下各种距离的赛跑和接力跑，是一种高速度的极限性运动项目。它能有效地提高大脑皮层的兴奋性、中枢神经的协调性和意志转换的灵活性，增强呼吸系统和循环系统的功能，提升运动员的速度、力量、灵敏性和协调性。

跑是人类与生俱来的基本能力，几乎每个国家的文献中都有对跑这种比赛形式的描述。现代短跑起源于欧洲，最早的正式比赛始于 1850 年的牛津大学运动会。

短跑

短跑技术经历了踏步式—迈步式—摆动式的演变。起跑技术也从古希腊的“站立式”起跑发展为“蹲踞式”起跑。

1896 年的第 1 届奥运会，设有男子 100 m 和 400 m 比赛项目；1900 年的第 2 届奥运会，增设了男子 200 m 比赛项目；1928 年的第 9 届奥运会，始设女子 100 m 比赛项目；1948 年的第 14 届奥运会，增设女子 200 m 比赛项目；1964 年的第 18 届奥运会，女子 400 m 被列为比赛项目。

短跑全程是由起跑、起跑后的加速跑、途中跑和终点跑 4 个紧密相连的环节组成的。

（1）起跑环节

起跑包括起跑前的准备姿势和起动动作。在短跑比赛中，运动员必须采用蹲踞式起跑，并使用起跑器。

起跑器的安装方法有普通式、接近式和拉长式 3 种，如图 3-27 所示。前起跑器抵足板与地面的夹角约为 45°，后起跑器抵足板与地面的夹角为 60°～80°。安装起跑器的目的是使运动员在蹬地时能充分发挥腿部肌肉的最大力量，从而获得向前的最大初速度，起跑后使身体能保持较大的前倾幅度。

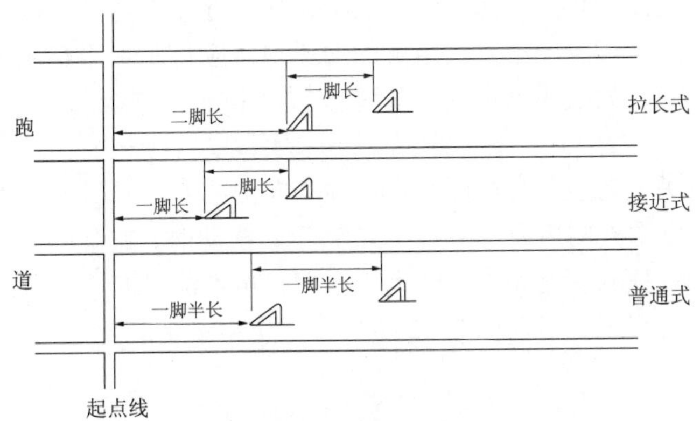

图 3-27 起跑器的安装方法

起跑过程包括各就位、预备、鸣枪 3 个环节。

听到“各就位”口令后，运动员可稍做放松（如深呼吸），然后俯身，两手于起跑线后撑地，两脚依次踏在前、后起跑器抵足板上，脚尖触地；将有力的腿放在前面，后膝跪地；两臂伸直约与肩同宽，四指并拢或稍分开，与拇指呈“人”字形；身体重

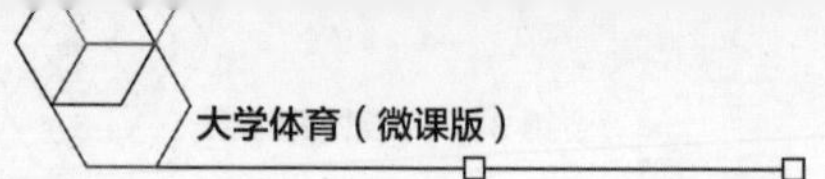

心稍前移，肩约与起跑线平行；背微弓，颈部自然放松，注意听“预备”口令，如图 3-28 所示。

（a）各就位

（b）预备

（c）蹬地　（d）加速

图 3-28　起跑过程

听到“预备”口令后，运动员后膝离地，抬起臀部，使之稍高于肩；重心适当前移，体重主要落于两臂和前腿上；两小腿趋于平行，前腿膝角约为 90°，后腿膝角约为 120°；注意力高度集中，等候发令枪声。

听到枪声后，运动员两手迅速推离地面，屈肘做有力的前后摆臂，同时两脚用力蹬离起跑器，使身体以前倾姿势向前上方运动，躯干与地面成 15°～20°；后腿迅速屈膝向前上方摆出，但不宜过高；在后腿前摆并积极下压着地的同时，前腿快速蹬伸髋、膝、踝 3 个关节；躯干逐渐抬起，头部也随之上抬，视线逐渐向前移。

弯道起跑时，为了形成一段直线距离的加速跑，应将起跑器安装在跑道右侧、正对左侧弯道的切点方向，如图 3-29 所示。运动员左手撑于起跑线后 5～10 cm 处，身体正对弯道的切点。

运动员从直道进入弯道，身体应有意识地稍向圆心方向倾斜；后蹬时，右脚前脚掌内侧用力，左脚前脚掌外侧用力，如图 3-30 所示；摆动时，右腿膝关节稍向内，左腿膝关节稍向外；右臂的摆动幅度和力量略大于左臂；尽可能沿跑道内侧前进；最后几米应逐渐减小身体内倾的程度，惯性跑 2～3 步后转入正常途中跑。

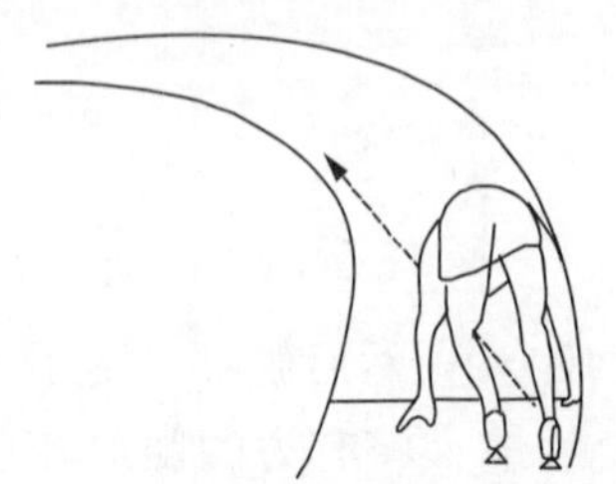
图 3-29　弯道起跑姿势

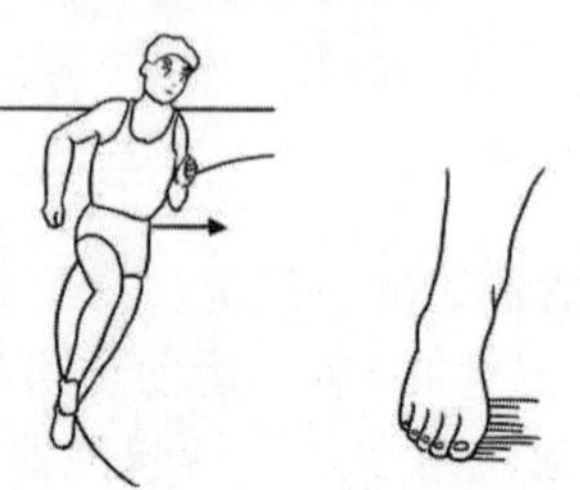
图 3-30　从直道进入弯道

（2）起跑后的加速跑环节

加速跑的任务是充分利用起跑的初速度，在较短距离内尽快获得最高速度。

运动员起跑后，第一步不宜过大，为3.5～4脚长，以后逐渐增大；上体随着步长和速度的增加而逐渐抬起，两脚的落点逐渐靠拢人体中线，形成一条直线（在起跑后10～15 m处）；同时，两臂应积极摆动，上下肢协调配合。加速距离一般为25～30 m。

（3）途中跑环节

一个跑的周期包括两个腾空时期和两个支撑时期（左支撑和右支撑）。

途中跑指从完成加速跑开始，到距终点10 m左右的一段距离，其任务是继续发挥和保持最高速度。在百米跑中，途中跑的距离为65～70 m。

摆臂动作：运动员途中跑时上体稍前倾，两眼平视，颈肩放松，手半握拳，两臂屈肘，以肩关节为轴，用力前后摆动，如图3-31所示。前摆时，肘稍向内，肘关节角度变小；后摆时，肘稍向外，肘关节角度变大。手和小臂不能摆过身体胸前的中线形成两臂的交叉摆动。正确的摆臂动作能够维持平衡、调节节奏，有利于加快步频和步幅。

图3-31 途中跑技术要领

摆腿动作：①后蹬伸展阶段，支撑腿从伸展髋关节开始，依次蹬伸膝、踝关节，直到脚掌蹬离地面，在后蹬动作中速度极为重要；②折叠前摆阶段，后蹬结束后，摆动腿使大小腿尽力折叠，快速、积极地向前摆动，同侧髋部随之前移；③下压缓冲阶段，前摆至大腿高抬后，随即积极下压，前脚掌积极“扒地”。着地瞬间，小腿与地面接近垂直，迅速屈膝、屈踝缓冲，摆动腿随惯性快速向前摆动，与支撑腿靠拢，使身体重心迅速前移，膝、踝关节屈曲角度达到最大，转入后蹬待发状态。

支撑腿与摆动腿的蹬摆协调配合是途中跑技术的关键。一般情况下，摆动腿前摆速度快，步频也快；前摆幅度大，步幅也大。

（4）终点跑环节

终点跑包括终点冲刺和撞线，其任务是尽量保持途中跑的高速度跑过终点。在距离终点15～20 m时，运动员应上体前倾，以增强后蹬力，同时加大摆臂的幅度和速度；在距离终点线最后一步时，上体达到最大前倾，用胸部或肩部撞线。通过终点后，要调整步频和步幅，逐渐减速。

学一学

运动员在 **200 m** 时，全程都应保持高速度；**400 m** 时，大部分采用前后 **200 m** 平均分配速度的节奏跑法，后 **200 m** 比前 **200 m** 成绩低 **2～3 s**。

2. 中长跑

中长跑是中距离跑和长距离跑的简称，全程为 800～10 000 m。它能有效地改善呼吸系统和心血管系统的功能，增强心肺功能（增强心肌，增厚心壁，增加心脏容积），提高运动员的速度和耐力。

中长跑作为一种竞赛项目起源于 18 世纪的英国。奥运会中跑比赛项目男、女均为 800 m 和 1 500 m。男子项目于 1896 年（第 1 届奥运会）列入；女子 800 m 于 1928 年（第 9 届奥运会）列入，1 500 m 于 1972 年（第 20 届奥运会）列入。奥运会长跑比赛项目男、女均为 5 000 m 和 10 000 m，男子项目于 1912 年（第 5 届奥运会）列入；女子 5 000 m 于 1996 年（第 26 届奥运会）列入，10 000 m 于 1988 年（第 24 届奥运会）列入。

中长跑

现代中长跑各项目因距离不同，在动作的速度、幅度等细节方面存在区别，但整体动作结构基本相同，均要求保持较高的速度、积极有效的伸髋和快速有力的蹬摆。

（1）起跑环节

中长跑的起跑按“各就位”“鸣枪”两个口令进行，起跑姿势有站立式和半蹲踞式两种。

① 各就位。听到“各就位”口令后，先做一两次深呼吸，采用站立式起跑时两脚前后开立，有力的腿在前，前脚脚尖紧靠起跑线后沿，全脚掌着地，后脚以前脚掌着地；两脚前后间距约一脚，左右间距约半脚；两膝弯曲，上体前倾（跑的距离越短，腿的弯曲度越大，上体前倾幅度也越大），颈部放松，两臂在体前自然下垂或一前一后，身体重心落于前脚，保持稳定姿势，如图 3-32 所示。

半蹲踞式起跑的动作与站立式起跑基本相同，但运动员前腿的异侧臂的拇指和其他 4 指呈“八”字形撑在起跑线后；两脚均用前脚掌支撑，前后相距约一小腿长，左右间隔约一脚宽，两膝的弯曲角略小，体重主要落在前腿和支撑臂上。

② 鸣枪。听到枪声后，后腿用力蹬地后积极前摆，前腿用力蹬伸；两臂配合腿部动作快而有力地前后摆动，身体向前冲出，如图 3-33 所示。

图 3-32　各就位时动作要领

图 3-33　鸣枪时动作要领

（2）起跑后的加速跑环节

起跑后，上体保持一定的前倾，两臂的摆动和腿脚的蹬摆都应迅速有力，逐渐加速；同时，上体随之抬起，跑向对自己有利的战术位置，然后转入途中跑。加速跑的距离和速度，应根据个人特点、战术要求和临场情况而定。

（3）途中跑环节

途中跑是中长跑中的主要环节，其任务是保持速度，节省体力，讲求节奏，并充分运用战术为获取优异成绩奠定良好的基础。

就途中跑的技术而言，中长跑与短跑实质相同，但由于距离和速度的不同，两者仍存在一定差异。图 3-34 所示为途中跑技术要领。

图 3-34　途中跑技术要领

① 上体姿势。中长跑的途中跑时上体自然伸直或稍向前倾，中跑上体前倾约 5°，长跑上体前倾 1°～2°。上体前倾的角度小于短跑。

② 腿部动作。后蹬时，角度较短跑稍大，用力程度和蹬伸幅度较短跑稍小。前摆时，大腿上摆的高度较短跑低，大小腿的折叠程度较短跑小。

此外，中长跑的途中跑时，特别强调动作与呼吸的配合，其身体重心的上下波动、弯道跑时的摆臂幅度、跑的频率系数（腾空时间与支撑时间的比值）均小于短跑。

（4）终点跑环节

终点跑是临近终点前一段距离的加速跑。其任务是以顽强的意志，调动全部力量，克服高度疲劳，加大摆臂速度和幅度，加快步频，冲刺终点。

终点冲刺的距离应根据个人的体力情况、战术要求和临场情况而定，一般中跑为 200～400 m，长跑在 400 m 以上。应注意观察对手的情况，抢占有利位置，把握冲刺时机。速度占优势的运动员，宜紧跟且晚冲刺，一般在进入最后直道时开始冲刺；耐力占优势的运动员，宜早冲刺。

中长跑途中，为了保证机体对氧气的需求，运动员宜采用口鼻同时进行呼吸的方法。呼吸的节奏应和跑的节奏相配合，并注意加大呼吸的深度（特别是呼气，只有充分地呼出二氧化碳，才能吸入更多的氧气）。一般两步一呼，两步一吸（也有一步一呼，一步一吸；三步一呼，三步一吸等）。

“极点”是一种正常的生理现象，指中长跑途中，由于氧气的供应落后于机体活动的需要，代谢物质无法及时转移，运动员出现的胸部发闷、呼吸困难、动作无力等感觉。此时要以顽强的意志坚持跑下去，加强呼吸，适当调整步速。经过一段时间后，“极点”现象就会消失或减轻，身体的运动能力逐渐提高，出现“第二次呼吸”。

3. 跨栏跑

跨栏跑是在规定距离中，跑并跨越一定数量、一定间距和一定高度栏架的径赛项目，也是田径运动中技术较复杂、节奏性较强、锻炼价值较高的项目之一。它能有效地提高中枢神经系统对运动肌群的调控和支配能力，改善呼吸系统和循环系统的机能，使各关节活动幅度增大，肌肉和韧带的伸展增强，骨骼增粗，使运动员速度、力量、耐力、弹跳力、柔韧性、灵敏性、协调性、准确性、节奏感等身体素质得到全面发展。

现代跨栏跑起源于英国，是由牧羊人跨越羊圈栅栏的游戏演变而来的。其技术经历了跳栏—跨栏—跑栏的演变过程。人们最初以埋在地下无法移动的木支架或栅栏为栏架，1900 年出现了可移动的倒“T”形栏架，1935 年“L”形栏架诞生并沿用至今。

奥运会比赛项目中设男子 110 m 栏（1896 年列入，当时为 100 m 栏，1900 年改为 110 m 栏）、400 m 栏（1900 年列入）；女子 100 m 栏（1932 年列入，当时为 80 m 栏，1972 年改为 100 m 栏）、400 m 栏（1984 年列入），如表 3-1 所示。

表 3-1　奥运会跨栏跑比赛项目及要求

<table>
<tr><th>性别</th><th>项目</th><th>栏间距离（m）</th><th>起点到第一栏距离（m）</th><th>最后一栏到终点距离（m）</th><th>栏高（m）</th><th>栏数（个）</th></tr>
<tr><td rowspan="2">男</td><td>110 m 栏</td><td>9.14</td><td>13.72</td><td>14.02</td><td>1.067</td><td rowspan="4">10</td></tr>
<tr><td rowspan="2">400 m 栏</td><td rowspan="2">35</td><td rowspan="2">45</td><td rowspan="2">40</td><td>0.914</td></tr>
<tr><td rowspan="2">女</td><td>0.762</td></tr>
<tr><td>100 m 栏</td><td>8.50</td><td>13</td><td>10.50</td><td>0.84</td></tr>
</table>

男子 110 m 栏的栏架较高，过栏和栏间跑的速度较快，技术难度较大。下面以此为例，讲解跨栏跑技术。

（1）起跑至第一栏的技术

起跑至第一栏的任务是在固定的距离内用固定的步数完成加速跑，为全程过栏奠定良好的速度和节奏。

其技术与短跑基本相同。起跑采用蹲踞式，一般跑 7～8 步，如果采用 7 步上栏，应将起跨腿置于后起跑器上；如果采用 8 步上栏，则应将起跨腿置于前起跑器上。

这一阶段，跨栏跑与短跑动作技术的差异主要表现如下：①预备时，臂部抬起相对较高；②起跑后，身体前倾角度较小，上体抬起较早，大约在第 6 步时基本达到短跑途中跑的姿势；③加速中，后蹬角度较大，步长增加较快。跨栏前倒数第二步达到最大步长，最后一步是短步（比前一步短 10～20 cm），起跨腿以前脚掌迅速、准确地踏上起跨点。

（2）跨栏步技术

跨栏步指从起跨脚踏上起跨点到摆动腿过栏落地的过程，如图 3-35 所示，距离为 3.30～3.50 m。其技术分为起跨攻栏和腾空过栏两个动作环节。

起跨

过栏

落地

图 3-35　跨栏步技术

① 起跨攻栏。起跨攻栏指从起跨脚踏上起跨点开始至后蹬结束时止的整个支撑时期。起跨的动作质量直接决定过栏速度、下栏时间和栏间跑进，是跨栏步技术的关键。

起跨点距栏架的距离一般为 2.00～2.20 m。后蹬要求迅猛有力，起跨腿髋、膝、踝关节充分伸展，并与躯干、头部基本成一条直线，起跨角度（起跨离地时，身体重心与支撑点的连线同地面之间的夹角）约为 70°。同时，摆动腿在体后屈膝折叠，足跟靠近臀部，膝向下，并以髋为轴、膝领先，大腿带动小腿充分向前摆超过腰部高度。上体随之前倾，摆动腿异侧臂屈肘向前上方摆出，肘关节达到肩的高度，另一臂屈肘摆至体侧，整个身体集中向前用力，形成良好的“攻栏”姿势。

② 腾空过栏。腾空过栏指从蹬离地面身体转入无支撑阶段起，到摆动腿过栏后落地时止的动作环节。

身体腾空后，摆动腿随惯性继续向前上方攻摆，膝关节高过栏架后，小腿向前伸展，脚尖勾起。其异侧臂前伸，与摆动腿基本平行，同侧臂屈肘后摆，上体达到最大前倾，角度为 45°～55°。同时，起跨腿屈膝提拉，小腿收紧抬平，约与地面平行或略高，两

腿在栏前形成一个 120° 以上夹角的大幅度劈叉动作。

摆动腿的脚掌移过栏架后，起跨腿屈膝外展，脚背屈并外翻，以膝领先，经腋下迅速向前上方提拉过栏。两腿在空中完成一个协调有力的以髋关节为轴的剪绞动作。同时，两臂配合积极摆动，起跨腿同侧臂由前伸位置向侧后方做较大幅度的划摆，另一臂屈肘前摆，以维持身体平衡，如图 3-36 所示。

图 3-36　腾空过栏

在摆动腿膝关节过栏瞬间，大腿积极下压，膝、踝关节伸直，以脚前掌着地，身体重心处于较高位置。上体保持适当前倾，起跨腿加速向前提拉，至身体正前方，大腿高抬，转入栏间跑。下栏着地点距栏架约 1.40 m。

（3）栏间跑技术

栏间跑是从下栏着地点到下一栏起跨点之间的跑段。其任务是以正确的节奏，继续发挥和保持最快速度，为下一栏的顺利起跨创造有利条件。

栏间跑的技术同短跑的途中跑实质基本相同，但由于受栏间距离和跨栏步的限制，其节奏与短跑明显不同。栏间距离为 9.14 m，除去跨栏步剩余 5.30～5.50 m，需跑 3 步。3 步步长各不相同，第一步最小为 1.50～1.60 m，第二步最大为 2.00～2.15 m，第三步中等为 1.85～1.95 m。

提高栏间跑的速度主要靠加快步频和改进跑的节奏，使 3 步步长比例合理，做到频率快、节奏稳、方向正、直线性强、身体重心稍高、起伏较小。

（4）终点跑技术

终点跑技术类似于短跑的冲刺跑技术，撞线动作与短跑相同。

（5）全程跑技术

在全程跑中，要合理地将跨栏步技术与栏间跑技术紧密地结合起来。起跑后，首先跨好第 1 栏并在第 2 栏、第 3 栏继续积极加速，充分发挥出最高速度。第 4 栏至第 8 栏尽量保持速度，并注意控制动作的准确性。第 9 栏、第 10 栏保持跑的节奏并准备冲刺。跨过第 10 个栏架后，把跨栏节奏调整为短跑节奏，加快步频，加大上体前倾，加强蹬地和摆臂力度，全力以赴冲向终点。

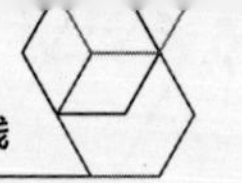

其他跨栏跑项目基本技术与 110 m 跨栏跑相同，但上体前倾和手臂摆动较小，摆动腿抬起较低，起跨腿前伸幅度稍小，下栏着地点较近，整体动作更接近于短跑。

女子 100 m 跨栏跑的起跨点距栏架 1.95～2.00 m，起跨角度为 62°～65°，下栏着地点距栏架 1.00～1.20 m，栏间跑 3 步步长为 1.60～1.65 m、1.95 m、1.80～1.85 m。

400 m 栏的起跑点与第一栏的距离为 45 m，男子跑 21～23 步，女子跑 23～25 步。起跨点，男子为 2.10～2.15 m，女子为 1.9～2.0 m。栏间跑距离为 35 m，男子一般跑 15～17 步（部分优秀选手跑 13 步），女子一般跑 17～19 步（部分优秀选手跑 15 步）。弯道过栏时，以右腿起跨较为有利。起跨时，右脚前脚掌内侧蹬地，左腿向左前方攻摆，右臂内侧倾斜向左前上方摆出，上体前倾时略向左转，右肩高于左肩。下栏时，用左腿前脚掌外侧在靠近左侧分道线处着地，右腿提拉过栏时向左前方用力。

（四）集体项目

接力跑是田径运动中唯一的集体项目，以队为单位，每队 4 人，每人跑相同距离。它能有效地提高运动员的速度和身体的灵敏度等，培养其团结协作的集体主义精神。

目前，奥运会接力跑比赛项目分男、女 4×100 m 接力和 4×400 m 接力。接力棒为光滑、彩色的空心圆管，由整段木料、金属或其他适宜的坚固材料制成，长度为 20～30 cm，周长为 12～13 cm，质量不低于 50 g。

传棒人必须持棒跑完各自规定的距离，接棒者可以在接力区前 10 m 内起跑，两人必须在 20 m 的接力区内完成传、接棒，如图 3-37 所示。

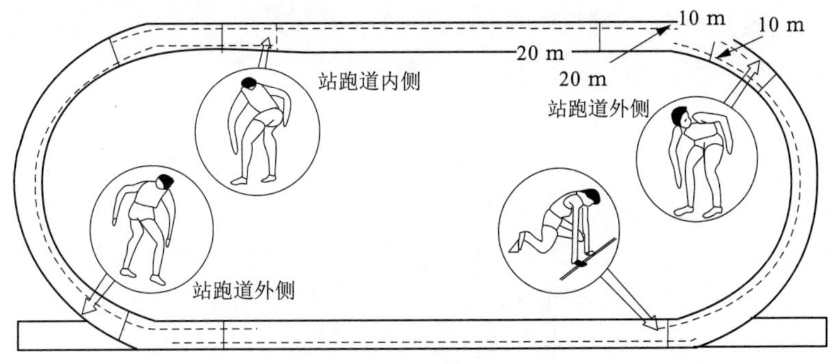

图 3-37　传、接棒位置

接力跑技术包括短跑技术和传、接棒技术，要求各队员在快速跑的同时，配合默契。接力跑的距离越短，传、接棒技术要求越高。下面以 4×100 m 接力为例，讲解接力跑技术。

1. 起跑技术

（1）持棒起跑

第 1 棒运动员通常采用蹲踞式起跑，其技术和短跑弯道起跑基本相同。用右手的中指、无名指和小指握住棒的末端，拇指和食指分开撑地，如图 3-38 所示，接力棒不得触及起跑线和起跑线前的地面。

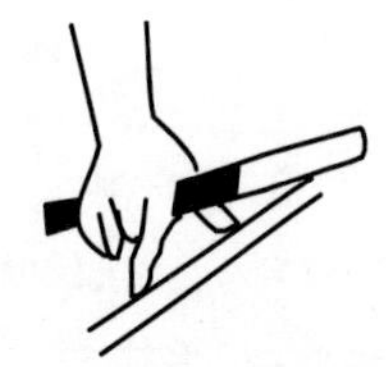

图 3-38　持棒起跑姿

（2）接棒起跑

接棒人选择恰当的起跑姿势的依据：①是否有利于快速起跑和

加速跑；②是否能清楚地看到传棒队员及设定的起跑标志线。

第 2 棒、第 3 棒、第 4 棒运动员可用站立式或一手撑地的半蹲踞式起跑姿势，如图 3-39 所示。第 2 棒、第 4 棒运动员应站在跑道外侧，左腿在前（也可右腿在前），右手撑地，身体重心稍向右偏，头转向左后方，目视传棒队员的跑进和自己的起跑标志线，如图 3-40 所示。第 3 棒运动员应站在跑道内侧，右脚在前（也可左腿在前），左手撑地，身体重心稍向左偏，头转向右后方，目视传棒队员的跑进和自己的起跑标志线，如图 3-41 所示。

图 3-39 半蹲踞式起跑姿势

图 3-40 第 2 棒、第 4 棒运动员接棒动作

图 3-41 第 3 棒运动员接棒动作

持棒运动员保持最快速度，接棒运动员根据持棒者的跑速有控制地进行加速，以便于顺利并快速地接棒。

2. 传棒、接棒技术

（1）传棒、接棒的方法

① 上挑式。接棒人的手臂自然后伸，与躯干成 40°～45° 夹角，掌心向后，拇指与其他 4 指张开，虎口朝下，传棒人将棒由下向前上方“挑”送入接棒人手中，如图 3-42 所示。上挑式接棒动作自然，容易掌握，但第 2 棒接棒人手握棒的中段，第 3 棒、第 4 棒传接时由于棒的前端部分越来越少而易造成掉棒。

② 下压式。接棒人的手臂后伸，与躯干成 50°～60° 夹角，手腕内旋，掌心向上，虎口朝后，拇指向内，其余四指并拢向外，传棒人将棒的前端由上向前下方“压”入接棒人手中，如图 3-43 所示。下压式接棒，各棒次接棒人均能握于棒的一端，但接棒时手腕动作紧张，掌心向上易引起身体前倾而影响加速跑。

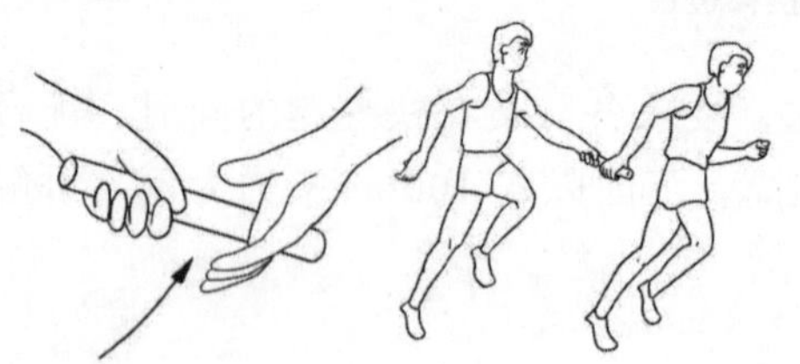

图 3-42 上挑式

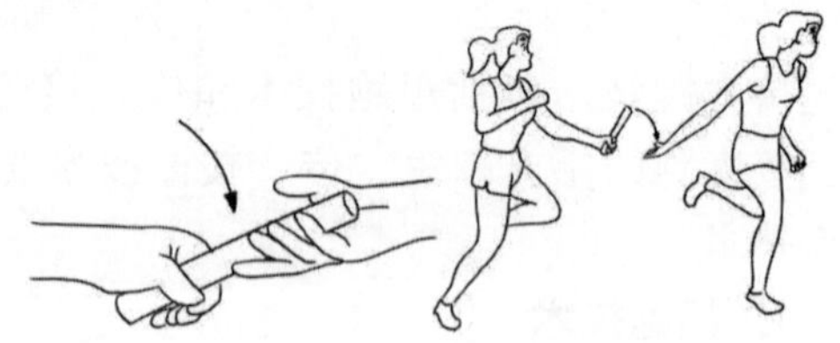
图 3-43 下压式

③ 混合式。混合式接棒综合了上挑式和下压式的优点。第 1 棒、第 3 棒运动员以右手持棒，沿弯道内侧跑进，用上挑式将棒传入第 2 棒、第 4 棒运动员左手中；第 2 棒运动员左手持棒，沿跑道外侧跑进，用下压式将棒传入第 3 棒运动员右手中。

在 4×400 m 接力时运动员多采用换手传接棒技术。接棒人用左手接棒后，立即换到右手；也可以用右手接棒，跑至最后一个直道时再换到左手传棒（第 4 棒可免）。

（2）传、接棒的时机

为了集中精神保持高速度，4×100 m 接力运动员均采用听传棒人信号而不看棒的接棒方式。传、接棒运动员在 20 m 接力区内，双方均达到相对稳定的高速时，便是传、接棒的最佳时机。此时，一般距接力区前端 3～5 m。

传棒人跑到标志线时，接棒人开始由预跑区内或接力区后端迅速起跑。传棒人跑至接力区内，距接棒人 1～1.5 m 时，向其发出“嘿”或“接”等传、接棒信号，接棒人听到后迅速向后伸手接棒，如图 3-44 所示。

图 3-44　传棒、接棒的时机

（3）起跑标志线的确定

起跑标志线与起跑点的距离，是根据传、接棒队员的跑速和传、接棒技术的熟练程度及最佳传、接棒时机而定的，一般为 5～6 m。起跑标志线要在训练中多次实践反复调整才能确定。

（4）各棒队员的分配

接力跑要求各棒队员之间协调配合，并能够充分运用每个人的特长，保证在快速跑时精确、默契、迅速地完成传、接棒动作。一般而言，第 1 棒运动员应起跑好，并善于跑弯道；第 2 棒运动员应速度快，耐力好，善于传、接棒；第 3 棒运动员除应具备第 2 棒的长处外，还要善于跑弯道；第 4 棒运动员通常是 100 m 成绩最好、冲刺能力最强的。

三、径赛项目的竞赛规则

1. 短跑、中长跑的名次判定

在田径比赛中，所有赛跑项目参赛者的名次取决于其身体躯干（不包括头、颈、臂、腿、手或足）抵达终点线后沿垂直面为止时的顺序，以先到达者名次列前。在任一赛次中，按成绩录取进入下一赛次时如遇运动员成绩相等，则终点摄像主裁判应考虑有关运动员的 1/1 000 s 的实际成绩。如果成绩依然相等，则有关运动员均应进入下一赛次。如实际条件不允许，应抽签决定进入下一赛次的人选。在决赛中第一名成绩相同，裁判长有权决定是否重赛，若无条件重赛，则并列第一；至于其他名次成绩相同，按并列处理。

2. 短跑及中长跑的起跑

在国际赛事中，所有 400 m 或以下的径赛项目，必须采用蹲踞式起跑及起跑器。

发令员口令为“各就位”“预备”，最后发令枪响。在“各就位”及“预备”口令之后，参赛者应立即完成有关动作，否则属起跑犯规。如果有运动员抢跑，发令员就会宣布起跑犯规。对第一次起跑犯规的运动员应给予警告，除了全能项目之外，每项比赛只允许运动员一次起跑犯规而不被取消资格，再次起跑犯规将被取消该项目的比赛资格。

在全能比赛中，如果一名运动员两次起跑犯规，将被取消比赛资格。

除此以外，在“各就位”口令发出后，以声音或动作扰乱他人，也判为起跑犯规。在枪声响起前有任何起跑动作，均属起跑犯规。如因仪器或其他原因而非运动员造成的起跑，应向所有运动员出示绿牌。

400 m 以上（不含 400 m）的径赛项目，均采取站立式起跑。发令员口令为“各就位”，当所有参赛者在起跑线后准备妥当静止后，便可鸣枪开始比赛。

3. 分道跑

在分道跑和部分分道跑的径赛项目中，运动员越出跑道，获得实际利益或冲撞、阻碍其他参赛者，会被取消资格。如果运动员被推或挤出指定的跑道，只要未获得实际利益也未影响他人，可不取消其参赛资格。同样，任何运动员在直道中越出其跑道或在弯道中越出其跑道的外侧，只要没有获得实际利益及阻碍他人，均不算犯规。

4. 赛次和分组

径赛一般分为第 1 轮、第 2 轮、半决赛和决赛 4 个赛次。而赛次的安排和分组，以及每一赛次的录取人数等将根据报名参加比赛的人数决定。预赛分组时要尽可能把成绩好的运动员平均分配到不同的小组中去。在其后的各轮比赛中，分组依据运动员在前一轮的比赛成绩。如果可能，相同国家或地区的运动员应分开。

5. 分道

运动员在所有短跑、跨栏和 4×100 m 接力中自始至终都必须在自己的跑道里。800 m 和 4×400 m 接力，运动员在自己的跑道里起跑，当通过抢道标志线以后才能离开自己的跑道，切入里道。运动员的跑道由技术代表抽签确定。第 2 轮开始的各轮比赛，跑道的选择还需依据运动员在上一轮的比赛结果，如排名前 4 位的运动员抽签后分别占据第 3、第 4、第 5、第 6 跑道，后 4 名抽签排定第 1、第 2、第 7、第 8 跑道。

6. 接力赛

4×100 m 接力是分道进行的，接棒者可以在接力区前 10 m 内起跑。

在接力赛中，运动员必须在 20 m 的接力区内完成交接棒。“接力区内”的判定是根据接力棒的位置，而不是根据参赛者的身体或四肢的位置。

在 4×400 m 接力中，第 1 棒全程及第 2 棒的第一弯道是分道跑，第 2 棒运动员要跑至抢道线后方可自由抢道。第 1 棒的传接必须在参赛者指定的跑道内进行，其余各棒的传接，裁判员根据第 2 棒及第 3 棒运动员通过 200 m 起点处的先后，按次序让其第 3 棒及第 4 棒的运动员在接力区内，由内至外排列等候接棒。所有接棒者均不可在接力区外起跑。

接力棒必须拿在手上，直到比赛结束为止。完成交接棒后，运动员应留在本队的跑道中以免因影响他人而被取消比赛资格。任何人掉了棒，必须由其本人拾回，而且要在不影响别人的情况下，方可越出自己的跑道拾回接力棒。

7．跨栏

各参赛者必须在自己的跑道内完成比赛，当参赛者跨越栏架时，若其腿或足从低于栏架顶的水平线跨越，或跨越并非自己赛道上的栏架，或故意以手或足撞倒任何栏架，均取消其参赛资格。

8．风速

在 100 m 跑、200 m 跑和 100 m 栏、110 m 栏比赛中，如果顺风超过 2 m/s，运动员创造的成绩就不能成为新纪录。

9．公路赛

奥运会公路赛包括男、女 20 km 竞走和男 50 km 竞走，以及男、女马拉松比赛。

（1）起跑

当发令员召集运动员到出发线以后，运动员按抽签排定的顺序排列。发令员枪响以后比赛开始，任何人两次抢跑都会被取消比赛资格。

（2）取胜

躯干第一个触到终点线的运动员为优胜者。

（3）饮料站

在比赛的起点和终点应提供水和其他饮料，在比赛路线上每隔 5 km 设置一个饮料站。每一个饮料站内分别设有组委会提供的饮料和运动员自己准备的饮料。在两个饮料站之间还要设置饮水用水站，运动员经过时可以取饮用水，还可以取浸了水的海绵为身体降温。除了已经设置的站点之外，运动员不能从比赛线路的其他地方获得饮料，否则将被取消比赛资格。

10．竞走

竞走比赛有两个核心规则：首先，竞走运动员必须始终保持至少有一只脚与地面接触；其次，前腿从着地的一瞬间起直到垂直位置必须始终伸直，膝关节不能弯曲。

比赛中有 6～9 名专职的竞走裁判员监督运动员。按规则规定，他们不能借助任何设备帮助判断，只能依靠自己的眼睛来判断运动员是否犯规。当竞走裁判员看到竞走运动员的动作有违反竞走技术的迹象时，应予以黄牌警告，并在赛后报告给主裁判。当运动员的行进方式违反竞走技术的规定，表现出肉眼可见的腾空或膝关节弯曲时，竞走裁判员须将一张红卡送交竞走主裁判。当竞走主裁判收到针对同一名运动员的 3 张来自不同竞走裁判员的红卡时，该运动员即被取消比赛资格，并由主裁判或主裁判助理向其出示红牌通知。

四、田赛项目的竞赛规则

1．比赛方法

奥运会田赛项目的比赛通常先分两组进行及格赛，通过及格标准的直接进入决赛；如达到及格标准的运动员人数不足 12 人，不足的人数按及格赛的成绩递补。远度项目决赛前 3 轮比赛的顺序通过抽签决定。决赛前 3 轮比赛结束后，按成绩取前 8 名运动员进行最后 3 轮的比赛；第 4 轮、第 5 轮比赛的排序按前 3 轮成绩的倒序排列，第 6 轮比赛的排序则按前 5 轮成绩的倒序排列，成绩最好的在最后跳（掷）。

2．有效成绩

除犯规外，在跳跃远度项目比赛中，运动员每次试跳的成绩均为有效成绩。除犯规外，在高度项目比赛中，运动员每次跳过的高度均为有效成绩。投掷项目比赛除犯规以外，当运动员投出的器械完全落在落地区内（不包括落地区的边线）才算有效，丈量成绩时从距离投掷区最近的落地点算起。其中，标枪必须是枪尖首先触地其成绩才算有效。

3．录取名次

远度项目比赛结束以后，以运动员最好的一次试跳（掷）成绩（包括因第一名成绩相等而进行的决名次赛的成绩）作为最后的决定成绩判定名次，成绩好者列前。在远度项目比赛中，如果出现最好成绩相等的情况，则以第二好成绩来确定名次，依此类推，直到最后一个成绩。如果成绩还是相同，除了第一名，之后的名次可以并列；如果涉及第一名成绩相同的情况，必须让这些涉及第一名的运动员继续比赛，直到决出第一名为止。

在高度项目比赛中，如果出现最好成绩相等，则按以下规定解决：①在出现成绩相等的高度上，试跳次数较少者名次列前；②如果成绩仍然相等，则在包括最后跳过的高度在内的决赛等全部比赛中，试跳失败次数较少者名次列前；③如果成绩仍相等，当涉及第一名时，要进行决名次赛，直到分出名次为止；如果成绩不涉及第一名，名次并列。

4．犯规

跳远、三级跳远有下列之一的情况即判犯规：①运动员以身体任何部位触及起跳线之前的地面；②运动员从起跳板两端之外起跳，无论是否超过起跳线的延长线；③运动员触及起跳线和落地区之间的地面；④运动员在落地过程中触及落地区以外的地面，而落地区外的触地点较落地区内的最近触地点更靠近起跳线；⑤离开落地区时，运动员在落地区外地面的第一触地点较落地区内最近触地点更靠近起跑线，或运动员和在落地区内因身体失去平衡而留下的任何痕迹更靠近起跳线；⑥运动员在助跑或跳跃中采用任何空翻姿势；⑦未通知运动员试跳时，运动员就进行试跳，不管是否成功，都应判该次试跳失败；⑧运动员无故错过该次试跳顺序；⑨运动员无故延误时限，即不准其参加该次试跳，以失败论处；如果在比赛中再次无故延误比赛时间，即取消该运动员的比赛资格，但在此之前的比赛成绩仍然有效。每次试跳的时限为 1 min，只有当一名运动员连续两次试跳时，其试跳时限为 2 min。在时限只剩最后 15 s 时，计时员举黄旗示意，当时限到时，落下黄旗，主裁判应判定运动员该次试跳失败。如在时限到的同时，运动员已开始试跳，应允许其进行该次试跳。当裁判员通知运动员试跳开始后，运动员才决定免跳，当时限已过时，应判为该次试跳失败。

跳高有下列之一的情况即判犯规：①运动员使用双脚起跳；②运动员的试跳动作致使横杆未能停留在横杆托上；③在越过横杆之前，运动员身体触及立柱前沿垂直面以外

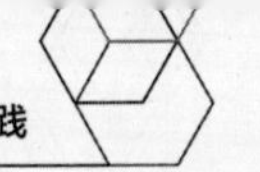

的地面或落地区，但如果裁判员认为运动员并没有受益，则不应判该次试跳失败；④运动员无故延误时限；⑤当裁判员通知运动员试跳开始后，运动员才决定免跳，当时限已过时，应判该次试跳失败；⑥试跳时，运动员有意用手或手指把即将从横杆托上掉下的横杆放回；⑦运动员无故错过该次试跳。

撑竿跳高有下列之一的情况即判犯规：①试跳后，运动员的试跳动作致使横杆未能停留在横杆托上；②在越过横杆之前，运动员的身体或所用撑竿的任何部位触及插斗前壁上沿垂直面以外的地面或落地区；③起跳离地后，运动员将原来握在下方的手移握至上方的手以上或原来握在上方的手向上移握；④试跳时，运动员用手稳定横杆或将横杆放回；⑤运动员无故延误时限；⑥当裁判员通知运动员试跳开始后，运动员才决定免跳，当时限已过时，应判该次试跳失败；⑦当裁判员根据运动员登记的架距调整好架距后，计时员已开始计时，运动员再提出调整架距，则再次调整架距的时间应计入运动员的试跳时间内，如因此而超出试跳时限，则应判定试跳失败；⑧运动员无故错过该次试跳顺序；⑨试跳中，当撑竿不是朝远离横杆或撑竿跳高架方向倾倒时，如有人接触撑竿，而有关裁判长认为，如果撑竿不被接触，将会碰落横杆，则应判此次试跳失败。

在投掷项目比赛过程中，运动员如果有下列违反规则的行为，则会被判犯规，成绩无效：①运动员超出时间限制；②运动员投掷铅球和标枪的技术不符合规则规定（规则要求铅球和标枪必须由单手从肩上掷出）；③在投掷过程中，运动员身体和器械的任何一部分触及投掷圈铁圈上沿或圈外的地面和标枪投掷弧、延长线及线以外地面的任何一部分，包括铅球抵趾板的上面，即为投掷失败；④器械落地之前，运动员离开投掷圈或助跑道；⑤比赛过程中，运动员在比赛场地使用摄像机、收音机、CD机、报话机、手机、MP3及类似的电子设备。

5. 裁判员的旗示

在跳跃项目比赛中，通常有一名主裁判手中持红、白旗帜各一面，用来示意运动员的试跳是否成功：举红旗表示试跳失败，成绩无效；举白旗表示试跳成功，成绩有效。

在投掷项目比赛中，通常有两名主裁判手中持红、白旗帜各一面，用来示意运动员的试投是否成功：举红旗表示试投失败，成绩无效；举白旗表示试投成功，成绩有效。站在投掷区附近的主裁判称为内场主裁判，主要判定运动员在试投过程中是否犯规；在落地区内的主裁判称为外场主裁判，主要判定器械的落地点是否有效。

3.2 足球运动

足球，有“世界第一运动”的美誉。标准的足球比赛由两队各派10名球员与1名守门员，共11人，在长方形的草地球场上对抗、进攻、防守。本节简要介绍足球的起源、发展、竞赛规则等，并详细讲解其技术要领和战术要领。

一、足球运动简介

现代足球运动诞生于英国。1863年10月26日，剑桥大学、牛津大学和凯尔波里特专科学校与伦敦周围地区11个最主要的俱乐部和学校，举行联席会议，创立了英格兰足球总会。这一天被称为现代足球的诞生日。两个月后，英格兰足球总会制定出世界上第

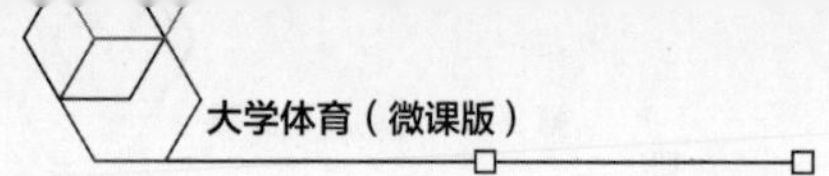

一个统一的足球规则。

1872 年，足球运动史上的第一次正式比赛在英格兰和苏格兰之间进行，即泛英足球比赛。在此后 30 年里，足球运动逐渐风靡英国和欧美各国。1900 年，足球首次在奥运会上露面。1908 年，足球被正式批准为奥运会比赛项目。1930 年，乌拉圭成功举办了第 1 届世界足球锦标赛。1904 年 5 月 21 日，国际足球联合会（简称国际足联）在法国巴黎成立，总部设在瑞士苏黎世。这标志着足球作为一项世界性的体育项目登上了国际体坛，足球运动在更加广泛的范围内开展起来，影响也越来越大。国际上重大足球比赛包括 4 年一届的世界杯足球赛、奥运会足球赛、世界青年足球锦标赛和女子世界杯足球赛，此外还有许多洲际比赛。

二、足球运动技术要领

（一）踢球

踢球指运动员有目的地用脚把球击向预定目标的技术。踢球是足球技术中最重要的技术，主要用于传球和射门。

踢球的方法很多，主要有脚内侧踢球、脚背正面踢球、脚背内侧踢球、脚背外侧踢球、脚尖踢球和脚跟踢球。这些动作结构完全一致，均由助跑、支撑脚站位、踢球腿摆动、脚触球、踢球后的随前动作 5 个环节组成。

1. 脚内侧踢球（又称脚弓踢球）

（1）脚内侧踢定位球

直线助跑，支撑前的最后一步稍大些，支撑脚站在球的侧面约 15 cm 处，脚尖正对出球方向，支撑腿膝关节微屈。在支撑脚着地时，踢球腿大腿带动小腿由后向前摆动，在前摆的过程中大腿外展，当膝关节摆动至接近球的正上方时，小腿做爆发式摆动，在触球前将脚跟送出使脚内侧部位所形成的平面与出球方向垂直，如图 3-45 所示，踢球脚脚尖微微翘起，脚底与地面平行，踝关节功能性地紧张使脚型固定，触（击）球后身体跟随向前移动。

AR
启动增强现实动画

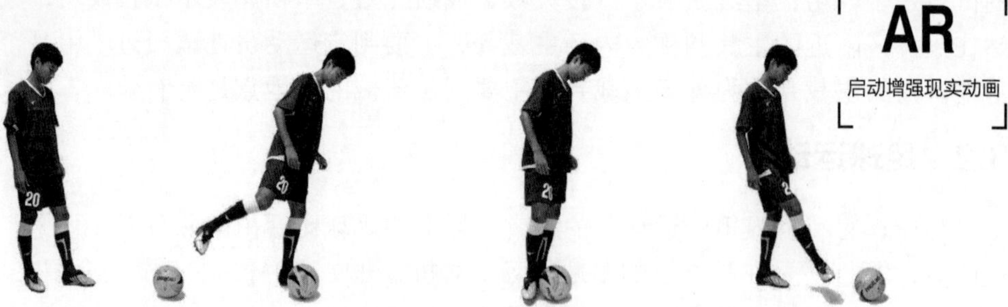

图 3-45 脚内侧踢定位球

（2）脚内侧踢空中球

根据来球速度和运行轨迹及时移动到位，踢球腿的大腿抬起并外展，小腿绕额状轴后摆，而后小腿由后向前摆动，当摆至额状面时与球接触，击球的中部，如图 3-46 所示。

AR

启动增强现实动画

图 3-46　脚内侧踢空中球

2. 脚背正面踢球（又称正脚背踢球）

（1）脚背正面踢定位球

直线助跑，最后一步稍大些，支撑脚积极着地支撑，在球的侧面 10～12 cm 处，脚尖正对出球方向，膝关节微屈，踢球腿随跑动向后摆动，小腿弯曲，支撑的同时踢球腿以髋关节为轴，大腿带动小腿由后向前摆动。当膝关节摆至接近球的正上方时，小腿做爆发式的摆动，脚趾屈，以脚背正面部位击球的后中部，如图 3-47 所示。击球后身体及踢球腿随球前移。

图 3-47　脚背正面踢定位球

（2）脚背正面踢反弹球

根据来球的速度、运行轨迹、落点，支撑脚踏在球落点的侧面。在球落地时，踢球腿爆发式前摆，在球刚弹离地面时，用脚背正面击球的中部，并控制小腿的上摆（送髋、膝关节向前平移），出球则不会过高。

（3）凌空踢倒勾球

根据来球的速度、运行轨迹，选好击球点，及时移动到位，以踢球腿为起跳腿蹬地起跳，同时另一条腿上摆，身体后仰腾空，眼睛注视来球，蹬地腿在离地后迅速上摆的同时，另一条腿则向下摆动，以脚背正面击球的后部。踢球后，两臂微屈，手掌向下，手指指向头部相反方向着地，屈肘，然后背、腰、臀部依次滚动式着地。

3. 脚背内侧踢球（又称内脚背踢球）

（1）脚背内侧踢定位球

斜线助跑，助跑方向与出球方向约成 45° 角，最后一步稍大，以支撑脚底积极着地，脚尖指向出球方向，距球内侧后方 20～25 cm，膝关节微屈。在支撑的同时，踢球腿已完成后摆，并开始以髋关节为轴大腿带动小腿由后向前摆动，当大腿摆至与支撑腿接近同一平面时，小腿做爆发式摆动，此时脚尖外转、脚背绷直，以脚背内侧部位触击球，如图 3-48 所示。击球后踢球腿及身体继续随球向前。

图 3-48　脚背内侧踢定位球

（2）脚背内侧转身踢球

助跑结束前倒数第二步应向球的侧前方跨出（即与出球方向在支撑脚一侧的侧前方），最后一步略跳动并伴随转身支撑，脚尖对准出球方向，膝关节微屈，身体向支撑脚一侧倾斜，其余各环节与踢定位球相同。

（3）脚背内侧踢反弹球

根据来球的落点及时移动到位，在球离地（反弹）的瞬间踢球，其他的动作要求与踢定位球相同。这种踢球方法多用于踢侧方或侧前方来的由空中下落的球。

4．脚背外侧踢球（又称外脚背踢球）

由于踢这种球的脚踝灵活性较大，摆腿方向变化较多，且助跑时又是正常的跑动姿势，故其出球隐蔽性较强。足球比赛中各种距离的弧线球及非弧线球均可使用。

（1）脚背外侧踢定位球

助跑、支撑脚站位及踢球腿摆动均与脚背正面踢球技术的 3 个环节相同，脚触球是用脚背外侧部位，要求膝关节和脚尖内转，脚背绷紧，触（击）球后身体随踢球腿的摆动前移。

（2）脚背外侧踢地滚球

脚背外侧踢地滚球可用于踢正前方、侧前方及侧后方来的地滚球。踢球的动作、规格要求与踢定位球相同，但支撑脚站位时应考虑球的滚动速度，以保证在脚触球的瞬间支撑脚与球的相对位置符合规格要求。

（3）脚背外侧踢反弹球

脚背外侧踢反弹球与脚背正面踢反弹球的方法相同，只是接触球时用脚背外侧部位触（击）球。

5. 脚尖踢球（又称脚尖捅球）

由于脚尖踢球时出球异常迅速，雨天场地泥泞时多使用这种踢法。还可以借助踢球腿的最大长度，踢那些距离身体较远的球。具体方法是用支撑脚跳跃上步，踢球腿屈膝前跨，髋关节尽量前送，两臂上摆协助身体向前，小腿前伸，在踢球脚落地前用脚尖捅球的后中部。

6. 脚跟踢球

脚跟踢球是用脚跟（跟骨的后面）接触球的一种踢球方法。球在支撑脚外侧时，踢球脚在支撑脚前面交叉摆到支撑脚外侧用脚跟击球。球在支撑脚内侧时，踢球脚后摆用脚跟踢球。虽然人体结构的特点决定了这种踢球方法（大腿微伸小腿屈）产生的力量小，但其出球方向是向后，故有隐蔽性和突然性。

（二）接球

接球指运动员有目的地用身体的合理部位把运行中的球停下来，控制在所需要的范围内，以便更好地衔接下一个技术动作。接球的方法有多种，常用的有脚内侧、脚背正面、脚底、大腿、胸部、头部等部位的接球。

1. 脚内侧接球

由于脚触球面积大，动作简单，较易掌握，比赛中经常使用这种技术接各种地滚球、反弹球、空中球。

（1）接地滚球

身体正对来球，判断来球的速度和方向，选好支撑脚位置，膝关节微屈。接球脚根据来球的状态相应提起，膝、踝关节旋外，脚趾稍翘，用脚内侧对准来球，在触球刹那，接球部位做相应的引撤或变向接球动作，将球控在所需要的位置上，如图 3-49 所示。

图 3-49 接地滚球

（2）接反弹球

接球腿的小腿应与地面形成一定的夹角，向下做压推动作时，膝要领先，小腿留在后面，如图 3-50 所示。

（3）接空中球

接球腿要屈膝抬起，可根据需要采用引撤或切挡动作，接球落地后应随即将球在地面控制住，如图 3-51 所示。

图 3-50　接反弹球

AR
启动增强现实动画

图 3-51　接空中球

2．脚背正面接球

脚背正面接球多用于接有较大抛物线的来球。根据球的落点，及时移动到位，脚背正面迎下落的球，当球与脚面接触的一瞬间，接球脚与球下落的速度同步下撤，此时接球腿膝关节、踝关节、脚趾均保持适度的紧张，脚尖微翘将球接到需要的地方，如图 3-52 所示。

3．脚底接球

由于脚底接球技术便于掌握，易于将球接到位置，故常被用来接各种地滚球和反弹球。

（1）脚底接地滚球

身体正对来球方向，移动前迎，支撑脚站在球的侧面（或前或后均可），脚尖正对来球方向，膝关节微屈。同时接球腿提起，膝关节微屈，脚背略屈，使脚底与地面约小于 45° 角（且脚跟离开地面），一般以前脚掌接触球的上部为宜。在触球瞬间，接球脚可轻微趾屈（前脚掌下点）将球停住，也可根据需要在接球的同时将球推向前方或拉向身后。

（2）脚底接反弹球

根据来球的落点，及时前移迎球，支撑脚站在落点侧后方，脚尖正对来球方向，在球落地瞬间，用前脚掌去触球的中上部，微伸膝，用脚掌将球接在体前。若需接球到身后则应在触球瞬间继续屈膝，将球回拉，并伴随支撑脚以前脚掌为轴旋转 90° 以上。

4．大腿接球

大腿接球一般可以用来接抛物线较大的高空球和略高于膝的低平球。

（1）接抛物线较大的下落球

面对来球方向，根据球的落点迅速移动到位，接球腿大腿抬起，当球与大腿接触的瞬间大腿下撤将球接到需要的位置上，如图 3-53 所示。

图 3-52　脚背正面接球

图 3-53　大腿接球

（2）接低平球

面对来球方向，根据来球的高度，接球腿大腿微屈，送髋前迎来球，在球与大腿接触的瞬间收撤大腿，使球落在所需要的位置上。

5．胸部接球

由于胸部接球部位较高，加之胸部面积大、肌肉较丰满等特点，动作易于掌握，所以这是接高球的一种好方法。胸部接球包括挺胸式和收胸式两种方法。

（1）挺胸式接球

接球时，身体正对来球，两腿自然开立，膝微屈，两臂在体侧自然屈抬，上体稍后仰与来球形成一定的角度。在触球刹那，胸部主动挺送，使球触胸后向前上方弹起落于体前。挺胸式接球一般用于接有一定弧度的高球。

（2）收胸式接球

面对来球，两脚左右或前后开立，两臂自然张开，挺胸迎球，触球瞬间收胸、收腹、臀部后移，将球接在体前。若需将球接在体侧，则在触球瞬间转体将球接在转体后相应的一侧。收胸式接球多用于接齐胸高的平直球。

6．头部接球

高于胸部的来球可用头部接。根据球的运行路线，面对来球，用前额正面接触球的中下部。下颌微抬，两臂自然张开，提踵伸膝。在触球瞬间全脚掌着地，屈膝、塌腰、缩颈，全身保持上述姿势下，将球接在附近。

（三）运球

运球是运动员在跑动中用脚连续推拨球、使球处于自己控制范围内的动作。常用的运球技术有脚内侧、脚背正面、脚背外侧、脚背内侧运球。

1．脚内侧运球

运球前进时支撑脚位于球的侧前方，肩部指向运球方向，支撑腿膝关节微屈，重心放在支撑腿上，另一条腿提起屈膝，用脚内侧推球前进，然后运球脚着地。肩部指向运

球方向，身体侧转，虽然移动速度较慢，但身体前倾有利于将对方与球隔开，因而这种技术多用在运球中做配合传球，或有对方阻拦需用身体做掩护时运球。

2．脚背正面运球

运球时身体持正常跑动姿势，上体稍前倾，步幅不宜过大。运球腿提起，膝关节稍屈，髋关节前送，提踵，脚尖下指，在着地前用脚背正面部位触球的后中部将球推送前进。

脚背正面运球时身体持正常跑动姿势，可以发挥较快的速度，因而这种技术多用在运球前方一定距离内无对手阻拦时。

3．脚背外侧运球

运球时身体持正常跑动姿势，上体稍前倾，步幅不宜过大。运球腿提起，膝关节稍屈，髋关节前送，提踵，脚尖绕矢状轴向内旋转，使脚背外侧正对运球方向，在运球脚落地前用脚背外侧推拨球的后中部，如图 3-54 所示。

图 3-54　脚背外侧运球

脚背外侧运球时，身体姿势与正常跑动时相同，因而可以发挥出较快的速度，故与脚背正面运球有相同的用途。另外，利用脚踝关节的动作可以很快改变脚背外侧正对的方向，故在运球脚一侧改变方向时也多采用这种运球方法。这种方法能用身体将对手与球隔开，故掩护时也常使用。

4．脚背内侧运球

身体稍侧转并协调放松，步幅小，上体前倾，运球腿提起外展，膝微屈外转，提踵，脚尖外转，使脚背内侧正对运球方向，在运球脚落地前用脚背内侧推拨球，使球随身体前进。

脚背内侧运球由于身体稍侧转，不能采用正常的跑动姿势，因此不适用于高速运球。但脚背内侧运球动作幅度大，控球稳，易于运球转换方向，非常适用于掩护性运球或运球变向，是足球比赛中常用的一种运球方法。

（四）头顶球

头顶球技术是传球、射门、抢断的有效手段，特别是争高空球时头顶球技术更为重要。头顶球技术不需要等球落地就可以在空中直接处理来球，因此使用这种技术可以争取时间上的优势和主动。

头顶球的具体方法有正额原地顶球、助跑跳起（单脚或双脚）顶球和鱼跃式顶球等。

1. 正额原地顶球

面对来球，两脚前后开立，膝微屈，重心放在两脚上。顶球前，上体先后仰，重心移到后脚上，两臂自然摆动，维持身体平衡，两眼注视来球。顶球时，两腿用力蹬地，迅速伸直，上体由后向前快速摆动，借助腰、腹和颈部力量，用前额正面将球顶出。顶球过程中，身体重心从后脚移到前脚，然后再单脚跳起顶球。

2. 助跑跳起（单脚或双脚）顶球

起跳前要有 3～5 步的助跑。最后一步踏跳时要用力，步幅要稍大些，踏跳脚以脚跟先着地再迅速移到脚掌，同时另一条腿屈膝上提，两臂向上摆动。身体腾起后上体随之后仰。顶球时，上体由后向前摆动，借助腰、腹和颈部力量将球顶出，然后两脚自然落地。

3. 鱼跃式顶球

对于离身体较远的低空球来不及移动到位处理，必须抢点击球时（如抢救险球、射门等），可使用鱼跃式顶球技术。当判断好来球的路线和选择好顶球点后，以单脚或双脚用力向前蹬地，身体接近水平状态向前跃出，同时两臂微屈前伸，手掌向下，眼睛注视来球，利用身体向前跃出的冲力，以额头正面顶球。顶球后，两手先着地，手指向前，接着以胸部、腹部和大腿依次着地。

（五）抢断

抢断技术是一种积极有效的防守手段。抢断是防守技术的综合体现，是用争夺、堵截、破坏等方式阻拦对方进攻的一种技术。一旦把球争夺过来，这就意味着组织进攻的开始。

抢断球

1. 正面抢断

在对方带球队员迎面而来时，可采用正面抢断方式。

两脚前后稍开立，两膝稍屈，身体重心下降，并均匀落在两脚上，面向对手。当对方带球或触球即将着地或刚刚着地时，立即抢球。抢球脚的脚弓正对球，并跨出一步，膝关节弯曲，上体前倾，身体重心移至抢球脚上。如对方已有准备，在双方脚同时触球时，脚触球后要顺势向上提拉，使球从对方脚背滚过，身体迅速跟上，把球控制住。当双方上体接触时，抢球人可用合理部位冲撞对方，使之失去平衡，从而将球控制在自己脚下。

2. 侧面抢断

当防守队员与带球进攻的队员并肩跑动，或二人争夺迎面来球时，双方都可采用侧面抢断方式。

当与对方平行跑动争球时，身体重心要降低，两臂贴紧身体。在对方靠近自己的脚离地时，可用肩和上臂做合理的冲撞动作，使对方身体失去平衡，从而把球抢过来。

3. 后面抢断（铲球）

后面抢断（铲球）是抢断技术中较困难的一种，一般是在用其他方法抢不到球时才采用铲球方式。

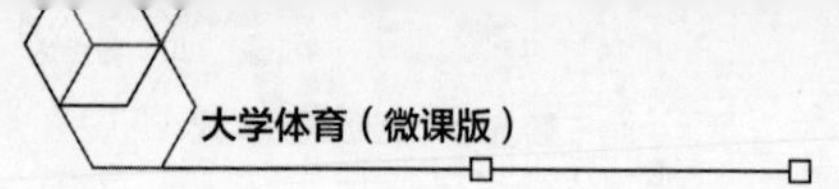

铲球有两种方法：一种是脚掌铲球；另一种是脚尖或脚背铲球。

当防守人追至离运球人右后方 1 m 左右时，可用右脚掌或左脚尖（脚背）进行铲球。在运球人的左侧时，则用左脚掌或是右脚尖（脚背）进行铲球。如用右（左）脚掌铲球，可在运球人刚刚将球拨出时，先蹬左（右）腿，跨右（左）腿，膝关节弯曲，以脚外侧从地面滑出，用脚掌将球踢出，然后小腿、臀部、上体依次着地，身体随铲球动作向前滚动。

铲球脚如果离地面超过球的高度，易伤害对手而造成犯规。

（六）假动作

假动作指运动员在比赛中为了隐蔽自己真实的动作意图，利用各种动作的假象来迷惑对方，使对方对其动作产生错误的判断或失去身体重心，形成对自己有利的形势，从而取得时间、空间位置的优势，达到自己真实动作的意图。

假动作

1. 踢球假动作技术

当运动员已控制球或正准备控制球，准备与同伴配合及接球时，对手前来堵抢，挡住其路线，这时可先向一方做假动作，当对手以假当真去封堵假动作的路线时，应突然改变踢球脚法将球传或接向另一方，如图 3-55 所示。

图 3–55 踢球假动作技术

2. 头顶球与胸接球假动作技术

当队员面对胸部以上的高空来球准备接时，对手迎面逼近准备抢截，此时接球的队员可做出以胸或头接或顶的假动作诱使对手立定，以假当真；在其封堵接、传线路线时，突然改变动作，用头或胸将球顶出或接住。

3. 运球假动作技术

运球假动作技术在比赛中是较常见的，它不仅用来突破正面对手，而且可以用来摆脱来自侧面和后面的对手。

当对手迎面跑来抢截球时，可用左（右）脚的脚背内侧扣拨球动作结合身体的虚晃动作，诱使对手的重心发生偏移，然后用左（右）脚的脚背外侧向同侧方向拨运球越过对手，如图 3-56 所示。

图 3-56　运球假动作技术

当对手从侧面来抢截球时，先做快速向前运球动作，诱使对手紧追，这时突然减速做停球假动作，当对手上当时，再突然起动，加速推球，向前甩掉对手。

当对手从身后来抢截球时，运球者用左（右）脚掌从球的上方擦过，做大交叉步，身体也随动作前移，诱使对手向运球者的移动方向堵截，然后以运球脚前脚掌为轴，突然向右（左）后方转身，再用右（左）脚脚背内侧将球扣回，把对手甩掉。

三、足球运动战术要领

（一）比赛阵形

为了适应攻守战术的需要，全队队员在场上的位置排列和职责分工称为比赛阵形。比赛阵形是本队攻守力量搭配和分工的形式。

比赛阵形根据队员的职责和排列的层次分为后卫线、前卫线和前锋线。阵形的人数排列原则是从后卫数向前锋的，守门员不计算在内。

目前，世界上普遍采用的阵形有“4-3-3”“4-4-2”“4-1-2-3”“3-5-2”等。在以上阵形中，除“4-4-2”阵形以防守为主、反击为辅外，其他阵形均以进攻为主，尤其以“3-5-2”阵形更为突出。

选择阵形要以本队队员的特长、技能、技术水平与球队的特点为依据。此外，阵形绝不是僵化的规定，每个队员都应在明确基本位置和主要职责的前提下，进行创造性的活动。

（二）局部配合进攻战术

1.“二过一”战术配合

“二过一”战术配合指两个进攻队员在局部地区通过两次或两次以上的连续传球配合，越过一个防守队员的战术行动。“二过一”是集体配合的基础，可以在任何场区、位置上运用这种方法摆脱对方的抢断或突破防线。“二过一”是进攻的两个队员之间相距 10 m 左右进行一传一切的配合。要求传球平稳、及时，一般多用“脚内侧”“脚外侧”等脚法，以传低平球为主。球传的位置尽可能是接球人脚下或前面两三步远的地方。

2.“三过二”战术配合

“三过二”战术配合指在比赛场地中的局部地区，通过 3 个进攻队员的连续配合突破 2 防守队员的防守。由于这种配合有 2 同队队员可以同时接应传球，因此使持球人的传球路线更多，且进攻面也更大。

（三）整体进攻战术

整体进攻战术指在比赛中一方获得球后，通过队员之间的传递配合达到射门的目的而采用的配合方法。与局部进攻战术相比，整体进攻战术具有进攻面更加扩大、进攻和反击速度更加快速等特点。

1. 边路进攻

边路进攻一般是围绕边锋进行的配合方法，因此边锋的速度要快，个人突破能力要强，传中技术要突出。其方法是由守转攻时，获球队员将球传给边锋或其他边路上的队员，从边路发起进攻，经过局部配合突破后，一般采用下底和回扣传中方式，将球传到中央，由其他队员包抄射门。

2. 中路进攻

中路进攻时，必须要求边锋拉开，借以牵制对方的后卫，诱使对方中间区域出现较大的空隙，为中路进攻创造有利条件。前场和中场队员要机动灵活地跑位，以有效调动拉开对方的防线。进攻的推进应有层次和梯队。传球要准确，技术动作应在跑动中准确、简练地完成。

3. 快速反击

比赛中当攻方进攻时，其后卫线往往压至中场附近，防守人数也由于插上进攻和助攻而相对减少，此时如防守方能抓住对方防区空隙较大和回防速度较慢的机会，趁攻方失球之机发动快速反击，往往能取得良好的效果。但其难度较大，既要冒险，又要有准确、快速的传切配合技能。

（四）局部配合防守战术

1. 补位

补位是足球比赛中在局部地区队员集体进行配合的一种方法。当防守过程中一个防守队员被对手突破时，另一个队员应立即上前进行封堵。

2. 围抢

围抢是足球比赛中在某局部位置上，防守一方利用人数上的相对优势（通常是两三个队员）同时围堵对方的持球队员，以求在短暂的时间内达到抢断球或破坏对方进攻（防守）的目的。

3. 造越位战术

造越位战术是利用规则而设计的一种防守战术，是一种以巧制胜的省力打法，因而成为一种重要的防守手段。由于该战术配合难度较大，运用不好会适得其反，让对手钻空子，因此往往为水平较高的球队所采纳，但也不宜过多运用。

（五）整体防守战术

整体防守战术主要有盯人防守、区域防守和综合防守 3 种。

1. 盯人防守

盯人防守是指被盯防的对手跑到哪个位置就盯防到哪里的一种防守战术。盯人防守分为全场盯人和半场盯人。这种防守方法是对口盯人，分工明确，但体力消耗大，一旦

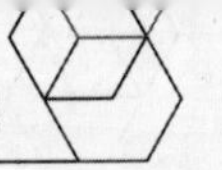

被突破，很难补位，会使整个防线出现很大的漏洞。因此，在比赛中单纯采用人盯人防守的方法是不利的。

2. 区域防守

由攻转守时，根据场上位置的分布，每个防守队员负责防守一定的区域；当对方队员跑到本区域时就负责盯防，离开这个区域就不再跟踪盯防。这种战术较为省力。但是，对方可以任意交叉换位，容易造成局部以少防多的被动局面。因此，目前在比赛中已很少采用这种防守方法。

3. 综合防守

综合防守是指将盯人防守与区域防守相结合的防守方法。综合防守是目前在比赛中普遍采用的一种防守方法，它集中了盯人防守和区域防守的优点，从而在防守中能根据场上情况进行逼抢、盯人、保护与补位，以达到防守的目的。

四、足球运动竞赛规则

（一）赛制

正式的国际足球比赛分为上、下两个半场，每半场 45 min，中间休息不得超过 15 min。

足球比赛分组循环赛期间的积分为胜一场积 3 分，平 1 场积 1 分，负 1 场积 0 分，最终以积分多少决定小组名次。如积分相等，则根据赛前规程确定的不同名次判定标准的规定排定名次。

（二）运动员和裁判员

每队上场队员不得多于 11 名，其中必须有一名守门员。如果场上一队的队员少于 7 人，则比赛不能开始。奥运会足球比赛中，每场比赛最多可以使用 3 名替补队员；场外和场上队员未经裁判员许可不能擅自进出场地。比赛时，守门员和其他队员的位置不能随意交换，如需要交换，须经过裁判员同意。

一场正式的足球比赛由一名裁判员、两名助理裁判员和一名第 4 官员担任裁判工作。裁判员的职责：有场上最终判决权，决定比赛时间是否延长、比赛是否推迟和终止。助理裁判员的职责：示意越位及球出界，协助裁判员的场上判罚，但没有最终判决权。

（三）任意球

足球比赛的任意球分为两种。一种是直接任意球，主要是针对恶意踢人、打人、绊倒对方的行为判罚。另外，用手拉扯、推搡对方，手触球的行为也属于这一类，还有辱骂裁判员、辱骂他人的行为也要判罚直接任意球。这种任意球可直接射门得分。如果这些行为发生在罚球区，就要判罚球点球。另一种是间接任意球的判罚，危险动作、阻挡、定位球的连踢的行为就属于这一类判罚。这种任意球不能直接射门得分，只有当球在进门前触及另外一名队员才可得分，罚球区内这种犯规不能判罚球点球。

无论直接任意球还是间接任意球，防守方都要退出 9.15 m 线以外，如果不按要求退出 9.15 m 线以外，裁判员可出示黄牌做出警告。

（四）罚球点球

在罚球区内直接任意球的犯规要判罚球点球。罚球点球时，双方队员不能进入罚球区。如防守方进入罚球区，进球有效，不进则重罚；如进攻方进入罚球区，进球应重踢，如不进则为防守方球门球。在罚球点球时，守门员可以在球门线上左右移动，但不可以向前移动。

（五）红牌和黄牌

对于足球比赛中出现的一些严重犯规，裁判员在判罚时，根据犯规性质的不同可出示红牌或黄牌。裁判员出示红牌的情况：有恶意的犯规或暴力行为，有故意手球、辱骂他人的行为，同一场比赛中同一人得到两张黄牌。

裁判员出示黄牌的情况：有违反体育道德的行为，有用语言和行为表示不满的情况，有连续犯规、故意延误比赛、擅自进出场地的行为。

（六）伤停补时

足球比赛有时根据场上情况在比赛时间上需要补时，有时是1～2 min，最长可达5～6 min，时间长短的确定由裁判员决定。造成补时的主要原因：一是处理场上受伤者，二是拖延时间，三是其他原因。

（七）越位

足球比赛构成越位要满足以下条件：在同伴传球时，脚触球的瞬间，在对方半场内如果同伴的位置与倒数第二名对方队员的位置相比更靠近对方球门线，这时该队员处于越位位置。需要说明的是，与对方倒数第二名队员处于平行时不判越位。裁判员在下列情况中判罚越位犯规：干扰比赛、干扰对方队员、利用越位位置获得利益。

（八）暂停比赛

正式的足球比赛一般场上不能暂停，只有在极特殊的情况下，如队员受伤或发生意外纠纷才鸣哨暂停。恢复比赛是在比赛停止时球所在的地点坠球，重新开始比赛。现在足球比赛道德水准普遍很高，通常一方如看到场上有受伤队员，都会将球踢出界。恢复比赛时，对方也会将球踢回。

（九）进球

当球的整体从球门柱间及横梁下越过球门线，而此前未违反竞赛规则，即为进球得分。

有时在比赛中会看到球打到横梁后落地又弹回场内，裁判员可以根据自己的观察来确认球是否越过球门线，这种判决有时会引起很大争议。

3.3 篮球运动

篮球运动是以手为中心的身体对抗性体育运动。篮球运动集对抗性、集体性、观赏性、趣味性、健身性等特点于一身，深受大众喜爱。本节介绍篮球运动的起源、发展和竞赛规则，详细讲解其技术要领及战术要领。

一、篮球运动简介

1891 年，在美国一所国际训练学校（后为春田学院）任教的詹姆斯·奈史密斯博士从当地儿童喜欢用球投向桃子筐的游戏中得到启发，创编了篮球（Basketball）游戏。为了怀念这位篮球运动的先驱，国际篮球联合会于 1950 年将世界男子篮球锦标赛的金杯命名为“奈史密斯杯”。

1904 年，在第 3 届奥林匹克运动会上第一次进行了篮球表演赛。1932 年，国际业余篮球联合会宣告成立。在 1936 年第 11 届奥运会上，男子篮球被列为正式比赛项目。在 1976 年第 21 届奥运会上，女子篮球被列为正式比赛项目。自 1992 年第 25 届奥运会开始，职业篮球运动员被允许参加奥运会的篮球比赛。美国“梦之队”的参赛使世界篮坛更为精彩。

篮球运动以其特有的魅力，深受世界各国人民的喜爱。奥林匹克运动会篮球比赛、世界篮球锦标赛、美国 NBA 职业联赛，这 3 大赛事代表着世界篮球运动的水平。

二、篮球运动技术要领

（一）移动

进攻者运用急起、急停、转身、变速变向跑等移动动作，摆脱防守完成进攻任务。防守者则运用跑、停、滑步、后撤步、交叉步等动作阻止进攻。这些争取比赛主动权的行动都离不开快速、灵活的脚步移动动作。

（二）传球、接球

1. 传球基本技术

（1）双手胸前传球

两手五指自然分开，拇指相对成“八”字形，用指根以上部位握球的两侧后下方，掌心空出，两臂自然弯曲于体侧，将球置于胸前。肩、臂、腕肌肉放松，两眼注视传球目标，身体成基本姿势。传球时，后脚蹬地，身体重心前移，同时两臂前伸，手腕由下向上翻转，同时拇指用力下压，食指、中指用力弹拨，将球传出，如图 3-57 所示。双手胸前传球是一种最基本、最常用的传球方法，具有准确性高、容易控制、便于变化的优点。

图 3-57　双手胸前传球

（2）单手肩上传球（以右手为例）

在原地右手肩上传球时，两脚前后开立，右脚在前，侧对传球方向，右手肩上托球于头侧，掌心空出，以转体、挥臂、甩腕及手指拨球的力量将球传出，如图 3-58 所示。单手肩上传球是一种中远距离的传球方法。其特点是传球力量大、速度快、距离远，在长传快攻和突破起跳分球时经常采用。

图 3-58　单手肩上传球

（3）单手体侧传球（以右手为例）

两脚开立，两腿微屈，双手持球于胸前。传球时，左脚向左跨步的同时将球移至身体右侧，在出球前一刹那，持球手的拇指在上，掌心向前，手腕后屈，出球时前臂向前做弧线摆动，当球摆过身体右前方时，迅速收前臂，用手腕、手指的力量将球传出，如图 3-59 所示。其特点是隐蔽、动作快而幅度小。

图 3-59　单手体侧传球

（4）反弹传球

反弹传球是一种近距离较隐蔽的传球方法，是小个队员对付高大防守者的有效传球手段。方法很多，如单手或双手胸前、单手体侧、单手背后等反弹传球，都可通过地面反弹传球给同伴。反弹传球动作方法与各种传球相同，但运用反弹传球时要掌握好球的击地点，一般应在传球者距离接球者 2/3 的地方。当防守自己的对手距离自己较远，而传球的距离又较近时，可向防守者的脚侧击地传出。球弹起的高度一般在接球者的腰部为宜。

2．接球基本技术

接球时眼睛要注视来球，肩、臂都要放松，手臂应迎球伸出，手指自然分开。当手

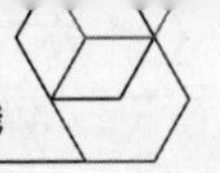

指触球时，屈肘，臂后引，缓冲来球的力量，两手握球，保持身体平衡，以便做下一个动作。

（1）接反弹球

掌心要向着来球反弹的方向，屈膝弯腰并向前下方伸手迎球，五指自然分开成上、下手接球动作。在球刚刚离地弹起时，手指触球将球接住。接球后手腕迅速向上翻，持球于胸腹前保持身体平衡，成基本站立姿势。

（2）接球后急停

安全接球后急停已成为进攻技术的基础。要点是正确运用转入下次进攻的衔接点，不要做带球走等违规的动作。

（3）摆脱接球

摆脱接球是抢先一步接球的动作。为了安全、准确地接球，无球队员以切入、策应等配合创造接球机会。

（三）运球

运球不仅是个人摆脱防守进攻的有力手段，而且还是组织全队进攻战术配合的重要桥梁。下面介绍几种主要的运球技术。

1. 身前换手变换方向运球

右手运球向左侧做变向时，右手拍球的右侧上方，使球从右侧反弹向左侧，同时左脚向左侧前方跨步，右侧肩向前，并迅速用左手拍球的正后方继续运球前进，如图 3-60 所示。左手运球向右变向时，则与右手动作相反。从左至右、从右至左改变方向地运球，其特点是便于结合假动作，变化突然，易造成防守者的判断错误，伺机运、传。以娴熟的左、右假动作和反弹高运球突然降低至 30～50 cm 的低运球来控制身体重心是运球的诀窍。

运球技术

2. 胯下运球

胯下运球是使球穿过两腿之间来改变运球方向的运球技术，如图 3-61 所示。近来有更多使用胯下运球技术的倾向。其原因是两腿可以保护球，且可以安全转换方向，使防守者的手难以够着球。

3. 后转身运球

身体左侧对着防守者，左脚在前做中枢脚，右手在右后侧运球或向后运球，同时做后转身，换左手拍球的后上方运至左侧，右脚落地贴近防守者的右侧（脚尖向前），然后运球继续前进，如图 3-62 所示。基特点是转身时便于保护球、改变球的路线幅度大、攻击力强、灵活多变。

4. 运球急停急起

可用两步急停，两腿屈膝前后开立，跨出第一步时，身体稍后仰。同时，按拍球的上方，降低球的反弹高度，使球在原地反弹，同时降低身体的重心，用腿和异侧臂护球。急起时，拍球的后上方。身体重心移至前脚掌，同时后脚迅速蹬地跨出超越防守者，迅速向前推进，如图 3-63 所示。其特点是动作突然、起动快、线路多变、攻击力强、易摆脱防守。

图 3-60　身前换手变换方向运球　　图 3-61　胯下运球　　图 3-62　后转身运球

图 3-63　运球急停急起

（四）投篮

投篮基本技术

按照持球的方法不同，投篮可分为双手投篮和单手投篮；依据投篮前球置于身体部位的不同，可分为胸前、肩上、头上等不同的投篮动作；就运动员投篮时的移动形式而言，又可分为原地、行进间和跳起投篮。

1. 原地双手胸前投篮

两脚左右或前后站立，两膝微屈，两脚脚跟略离地面，上体稍向前倾，两手手指自然张开，握球两侧略后的部位，两拇指相对成“八”字形，掌心空出，持球于胸前，屈肘靠近身体，如图 3-64 所示。投篮时，两脚蹬地身体伸展，同时两臂向前上方伸出，拇指向前上方用力推送，手腕稍外翻，使球从拇指、食指、中指指尖投出，球向后旋转飞行。

2. 原地单手肩上投篮（以右手为例）

右手五指自然分开，手心空出，用指根以上部位持球，大拇指和小拇指控制球体，左手扶球的左侧，右手屈肘，肘关节自然弯曲，置球于右肩上方。投篮时，下肢蹬地发力，右臂向前上方伸直，手腕前屈，食指、中指用力拨球，通过指端将球柔和地送出。球出手的同时，身体随投篮动作向前伸展，如图 3-65 所示。

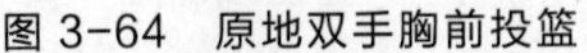

图 3-64 原地双手胸前投篮

图 3-65 原地单手肩上投篮

3. 行进间单手低手投篮（以右手为例）

在跑动中接球或运球突破上篮时，应先跨右脚接球或拿球，接着跨左脚起跳，左脚跨的步子稍小一些（已能掌握基本动作者，其左脚跨出的步子大小，可根据对方防守的情况和自身进攻的需要选择），右腿屈膝上抬，身体上升到最高点时，右臂向上伸或向前上方伸，掌心向上，用手指和手腕的力量，将球上拨，如图 3-66 所示。

图 3-66 行进间单手低手投篮

4. 运球急停跳投（以右手为例）

在快速运球中，用一步或两步的方式接球停步，两膝微屈，身体重心下降，迅速蹬地起跳，同时两手迅速举球于右肩上。当身体接近最高点处于稳定的一刹那，迅速向上伸臂，用右手的手腕和手指的力量将球投出，如图 3-67 所示。

图 3-67 运球急停跳投

（五）抢篮板球

抢篮板球分为抢进攻篮板球和抢防守篮板球两种。

1. 抢进攻篮板球

当同伴或自己投篮时，处在近篮的进攻队员首先应判断球的反弹方向，然后先向相反方向的侧前方跨步，利用身体虚晃的假动作，诱开身前的防守队员，挤到对手的前面或侧前方，抢占有利位置，借助跨步或助跑起跳，跳至最高点补篮或抢篮板球。

2. 抢防守篮板球

当对方投篮出手后，首先应注意对手的动向，并根据当时与进攻队员所处的位置和距离的远近，运用上步、撤步和转身抢占有利位置，把进攻队员挡在身后，与此同时还要判断球的落点准备起跳，如图 3-68 所示。

图 3-68 抢防守篮板球

（六）防守

1. 防守无球队员

防守队员应站在对手与球篮之间的内侧，保持与对手有适当的距离和角度，做到以人为主，人球兼顾，使对手和球处于自己的视野之内，随对手的动作积极跟进移动，调整防守位置，堵截其移动和接球的路线，手臂配合做出伸出、挥摆、上举等动作，干扰对手接球，争取抢、断球。

（1）防纵切

A 传球给 B，a 及时偏向球侧错位防守，当 A 向篮下纵切要球时，a 应抢前防守，合理运用身体堵住对方的切入路线，同时伸臂封锁接球，迫使对手向远离球的方向移动，如图 3-69 所示。

（2）防横插

A 持球，C 欲横插过去要球，c 应上步挡住对手，并伸臂不让对手接球，用背贴着对手，随其移动到有球一侧，如图 3-70 所示。

（3）防溜底

A 持球，C 溜底的时候，c 要面向球滑步移动，至纵轴线时，迅速上右脚前转身，错位防守，右臂伸出不让对方接球，如图 3-71 所示。

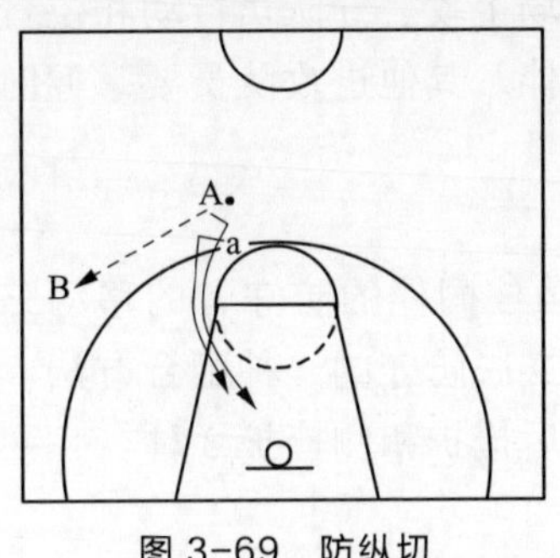

图 3-69　防纵切

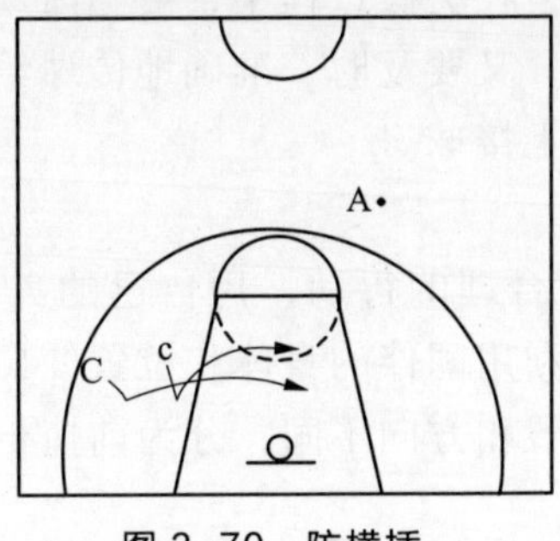

图 3-70　防横插

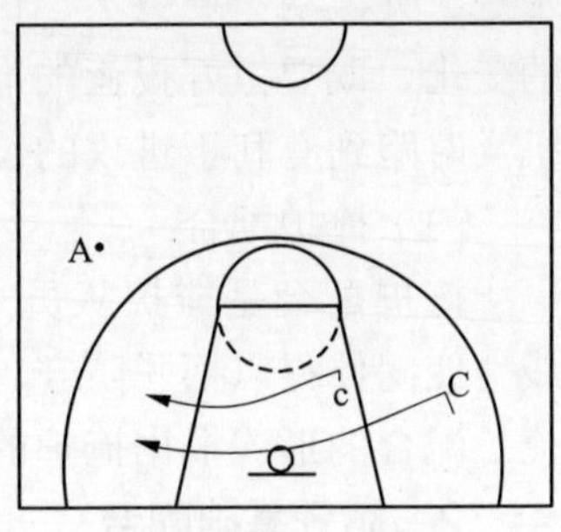

图 3-71　防溜底

2. 防守持球队员

当对手接球后，防守队员迅速调整防守位置和距离，占据对手与球篮之间的有利位置，还要与对手保持适当的距离（一臂左右）。一般来说，对手离球篮远则防守队员离对手远，反之则稍近，并根据对手的特点（投篮或突破）而有所调整。防守持球队员在离球篮近时采用贴近的攻击步防守，离球篮远时则采用平步防守；无论采用哪一种防守，都要积极移动，阻截和干扰对方传球、投篮，同时伺机抢、断球。

三、篮球运动战术要领

（一）基础配合

1. 进攻基础配合

进攻基础配合，是指两三名进攻队员，为了创造投篮机会，合理运用技术而组成的合作方法。

（1）传切配合

传切配合有两种，分别为一传一切配合和空切配合。

一传一切配合如图 3-72 所示，A 传球给 D 后，立刻摆脱对手。A 向篮下切入，接 D 的回传球投篮。空切配合如图 3-73 所示，A 传球给 D 时，C 突然切向篮下接 D 的传球投篮。

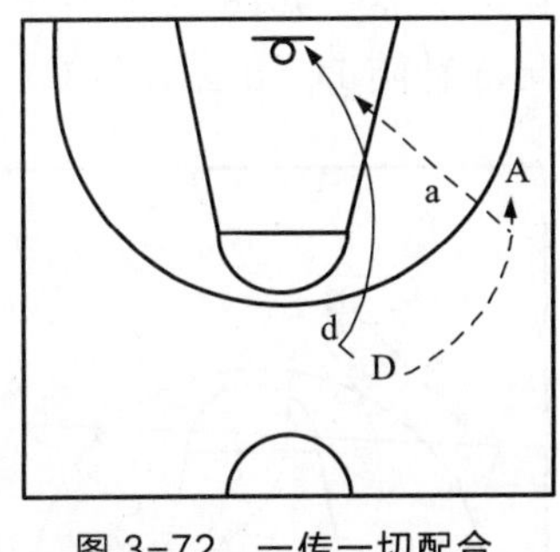

图 3-72　一传一切配合

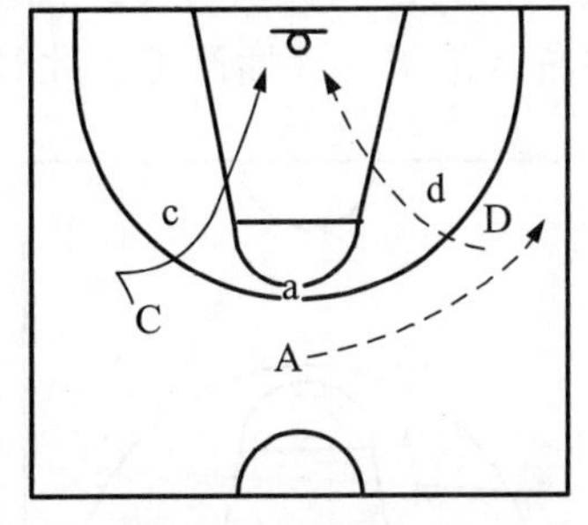

图 3-73　空切配合

（2）突分配合

突分配合是有球队员持球突破后，主动或应变地利用传球与同伴配合的方法。其要求是，突破动作要突然、快速，在突破过程中，要随时观察场上攻、守队员行动和位置的变化，既要做好投篮的准备，又要及时、准确地传球给同伴。其他进攻队员要掌握时机及时跑到有利于进攻的位置上接球。

（3）掩护配合

掩护配合是掩护队员采用合理的行动，用自己的身体挡住同伴的防守者的移动路线，使同伴得以摆脱防守，或利用同伴的身体和位置使自己摆脱防守的一种配合方法。掩护配合的形式根据掩护的位置和方向不同，分为前掩护、后掩护和侧掩护 3 种。

2. 防守基础配合

防守基础配合，是指两三名防守队员，为破坏对方进行配合，或当同伴防守出现困难时，及时互相协作行动的方法。以下是几种常用的配合。

（1）关门配合

“关门”是两个防守队员靠拢协同防守突破的配合方法。如图 3-74 所示，当 D 从正面突破时，a、d 或 d、c 进行关门配合。

关门配合的要求是，防守队员应积极堵住进攻者的突破路线；临近突破一侧的防守队员要及时向同伴靠拢进行“关门”，不给突破者留有通过的空隙。关门配合也运用于区域联防。

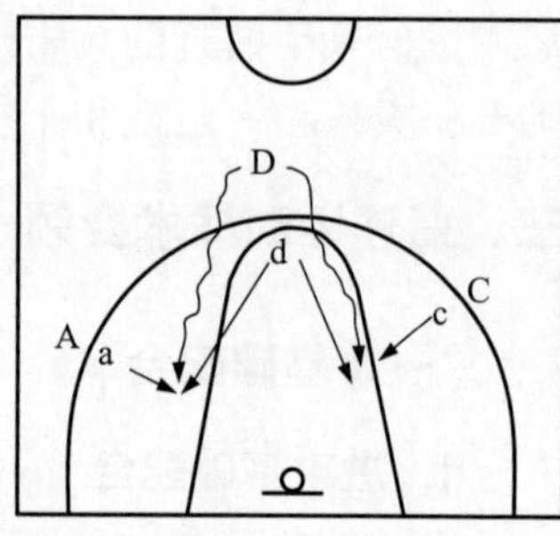

图 3-74　关门配合

（2）夹击配合

夹击配合指两个防守队员积极防守一个进攻队员的配合方法。如图 3-75 所示，A 从底线突破，a 封堵底线，迫使 A 停球，d 同时向底线迅速跑去与 a 协同夹击 A，封堵其传球路线，迫使其违例或失误。

运用夹击配合时要正确地掌握夹击的时机和区域。行动要果断，出其不意。在形成夹击时要用身体和腿部限制进攻队员的活动，用手臂封堵传球或接球，但要防止不必要的犯规。

（3）补防配合

补防配合指防守队员在同伴漏防时，立即放弃自己的对手，去补防那个威胁最大的进攻者，而与漏人的防守队员及时换防的一种协同防守方法。如图 3-76 所示，D 传球给 A，突然摆脱 d 的防守直插篮下，此时 c 放弃 C 的防守补防 D，d 去补防 C。

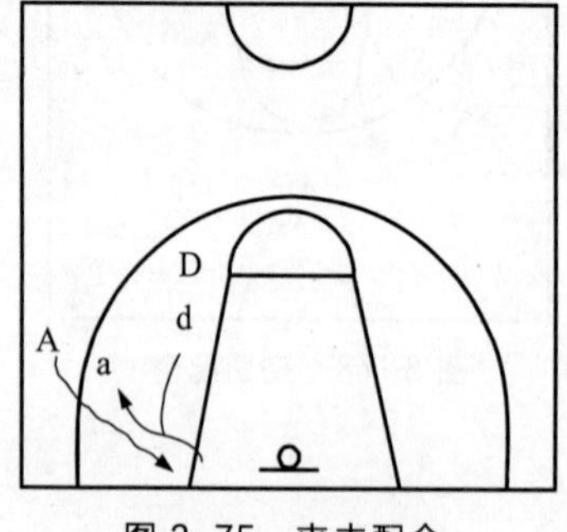

图 3-75　夹击配合

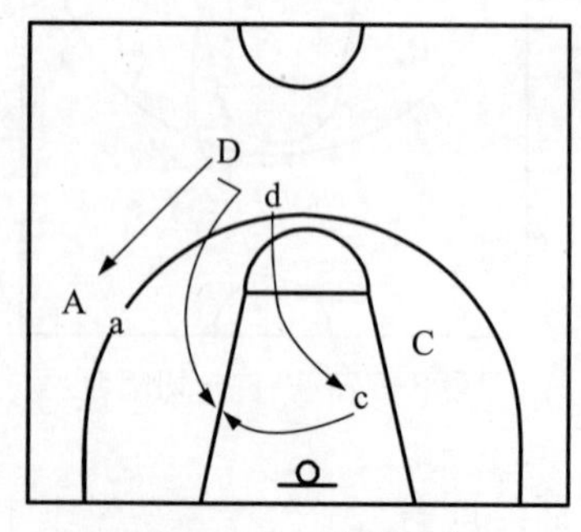

图 3-76　补防配合

应特别注意整体配合，包括配合的位置、距离、路线和时机，其中以配合时机尤为关键。此外，还要注意保持攻守平衡。

（二）快攻与防守快攻

1. 快攻

快攻是由防守转入进攻时，趁对方未站稳阵脚之前，抓住战机以最快的速度、最短的时间，果断而合理地发动攻击的一种速决性战术配合。发动快攻的时机是在抢获后场篮板球、抢球、断球和跳球获球后。快攻的形式有长传快攻、短传与运球结合快攻等。

（1）抢后场篮板球长传快攻

D 抢到后场篮板球后，首先观察场上的情况，寻找长传快攻机会，B 和 C 判断 D 有可能抢到篮板球时，便立即起动快下，争取超越防守队员接 D 的长传球投篮，如图 3-77 所示。

（2）断球长传快攻

c 断球后，看到 b 已快下，可立即传球或运球后传球给 b 投篮，如图 3-78 所示。

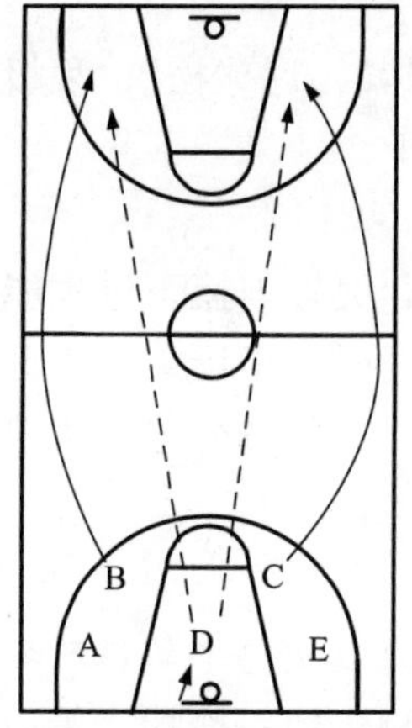

图 3-77 抢后场篮板球长传快攻

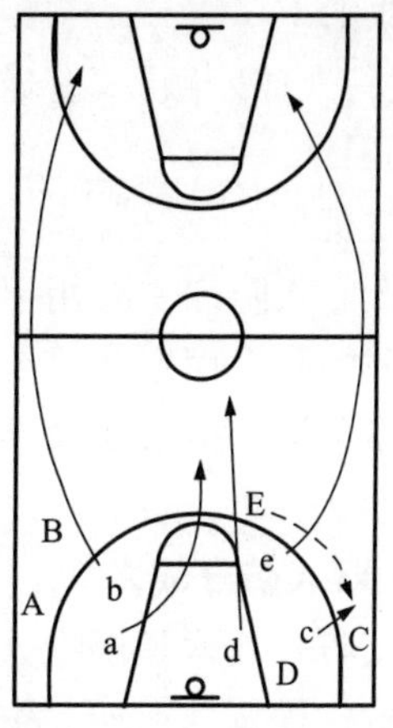

图 3-78 断球长传快攻

（3）短传与运球结合快攻

短传与运球结合快攻是指队员在后场获球后，利用快速的短传球和运球推进相结合的方法迅速推进到前场进行攻击的一种配合方法。其特点是参加人数多、机动灵活、层次清楚、容易成功，但对队员的配合技巧要求较高。

2. 防守快攻

篮板球是发动快攻的主要先决条件之一，积极地与对方争抢前场篮板球是防止发动快攻的重要步骤。

（1）防守快攻的关键

有组织、积极地堵截对方发动快攻的第一传，是防守快攻的关键。

（2）防守快下队员

快下队员是对方长传快攻的主要成员，如果快下队员接到球，将给防守造成极大的困难。因此，当对方抢获篮板球时，外线队员要迅速退守，在退守过程中，控制好中路，堵截快下路线，紧逼沿边线快下的进攻队员，切断对方长传球的路线。

（3）提高以少防多的能力

当对方发动快攻并迅速地向前场推进时，防守队往往来不及全部退防，出现以少防多的局面。提高一防二、二防三的能力，重点防篮下，为同伴回防赢得时间，这就必须提高个人防守能力，以及同伴之间的相互补防能力。

（三）攻防半场人盯人

1. 人盯人防守战术

人盯人防守战术是在由攻转守时，放弃前场的防守，全队迅速退回后场，每人盯住自己对手的配合方法。它是以个人防守为基础，综合运用挤过、穿过、交换、关门、夹击等几个人之间的防守基础配合所组成的全队战术。

（1）防守要点

人盯人防守要从由攻转守时开始。此时，每个队员都要快速退向自己的后场，立即找到对手，形成集体防守；要根据对手、球、球篮选择有利位置，做到球、人、区兼顾，与同伴协同防守。

（2）防守原则

"以球为主，人球兼顾""有球紧，无球松""近球紧，远球松"，积极移动，抢占有利位置。

（3）运用时机

半场扩大人盯人防守主要用于对付外围远投较难、突破与篮下进攻能力和后卫控制球能力相对较弱的队，而本队需要扩大战果，争抢时间时；半场缩小人盯人防守用于对付中远距离投篮不准、突破和篮下攻击能力较强的队，本队得分已占优势，保持体力再扩大战果时。

2. 进攻人盯人防守战术

进攻人盯人防守战术是根据人盯人防守战术的特点，从每个队员的具体实际出发，综合运用传接球、投篮、运球、突破等个人技术动作和传切、掩护、策应等几个人之间的战术基础配合所组成的一种全队进攻战术。

进攻人盯人防守战术的要点为"由守转攻后，要迅速到位"。

四、篮球运动竞赛规则

（一）规则简介

篮球比赛由两个队参加，每队上场 5 人，其中 1 人为队长，替补球员有 7 人。

将球投入对方球篮得 2 分，在 3 分区外投入对方球篮得 3 分，罚球中 1 次得 1 分。

比赛由 4 节组成，每节 10 min。在第 1 节和第 2 节（第一半时）之间，第 3 节和第 4 节（第二半时）之间及每一决胜期之前有 2 min 的比赛休息时间；两个半时的比赛休息时间为 15 min，以全场得分多者为胜。如果在第 4 节比赛时间终了时比分相等，需要一个或多个 5 min 的决胜期继续比赛，直至决出胜负。

比赛中每队的换人次数不限。但是，要登记的暂停在第一半时的任何时间每队可准予 2 次，在第二半时任何时间每队可准予 3 次，每一决胜期的任何时间每队可准予 1 次。

整个比赛过程由裁判员（三人制包括主裁判员、第一副裁判员和第二副裁判员，二人制包括主裁判员和副裁判员）、记录台人员（包括记录员、助理记录员、计时员和 24 s 计时员）和技术代表管理。

（二）篮球比赛的违规现象

篮球比赛中对规则的违反有违例和犯规两大类。

1. 违例

违例是违反规则。

罚则是将球权判给对方队在靠近发生违例的地点掷球入界。

（1）带球走

当持活球的队员用同一只脚向任何方向踏出一次或多次，其另一只脚（称为中枢脚）不得离开与地面的接触点，如果中枢脚离开了这个接触点就构成带球走违例。

（2）非法运球

队员在运球后，用双手同时触及球或允许球在一手或双手中停留时，运球即完毕。运球结束后，除非失去控球权后又重新控制球，否则不得再次运球，如果再次运球，则为非法运球违例。

（3）拳击球或脚踢球

比赛中队员不得故意用拳击球或用腿的任何部分去阻挡球，否则将判违例。如果球偶然地接触到腿的任何部分，或腿的任何部分无意碰到球，则不算违例。

（4）球回后场

在比赛中，前场控制球的队，不得使球再回到后场，否则为球回后场违例。具体判定球回后场有 3 个条件：①该队必须控制球；②球进入前场后，在球又回到后场前该队队员（或裁判员）最后触及球；③球回到后场后，该队队员在后场最先触及球。这 3 个条件必须依次连续发生。

（5）干涉得分和干扰

投篮（罚球）的球在飞行下落并完全在篮圈水平面之上时，双方队员不可触及球。当投篮的球触及篮圈时，双方队员都不得触及球篮或篮板，不得从下方伸手穿过球篮并触及球，不得使篮板和篮圈摇动。如果进攻队员违犯这一规定，中篮无效，将球判给对方在罚球线延长部分的界外掷球入界；如果防守队员违犯这一规定，不论是否投中，均判投篮（罚球）队员得分。

（6）3 s 违例

当某队在前场控制活球并且比赛计时钟正在运行时，该队队员在对方的限制区内持续停留的时间不得超过 3 s；否则，便是违例。

（7）5 s 违例

进攻球员必须在 5 s 之内掷出界外球；或在被严密防守时，必须在 5 s 之内传、投或运球；当裁判员将球递给罚球队员时，该队员必须在 5 s 内出手；否则，便是违例。

（8）8 s 违例

一个球队从后场控制活球开始，必须在 8 s 内使球进入前场（对方的半场）；否则，便是违例。

（9）24 s 违例

每当一名队员在场上获得控制活球时，该队必须在 24 s 内尝试投篮；否则，便是违例。

2．犯规

犯规是对规则的违犯，含有与对方队员的非法身体接触和/或违反体育道德的举止。对犯规者登记犯规并随后按规则予以处罚。

（1）侵人犯规

侵人犯规即队员与对方队员的接触犯规。无论球是活球还是死球，队员均不应通过伸展其手、臂、肘、肩、髋、腿、膝或脚来拉、阻挡、推、撞、绊、阻止对方队员行进；以及不应将其身体弯曲成“反常的”姿势（超出其圆柱体）；也不应放纵任何粗野或猛烈的动作；违反这些规定裁判要给犯规队员登记 1 次侵人犯规。如果对未做投篮动作的队员犯规，由非犯规队在靠近犯规地点的界外掷球入界重新开始比赛。如果犯规队处于全队犯规处罚状态，裁判应判给未做投篮动作的队员 2 次罚球，代替掷球入界。如果对正在做投篮动作的队员犯规，如果投篮成功，应计得分并判给 1 次追加罚球；如投篮未中，则要根据投篮的地点，判给 2 次或 3 次罚球。

（2）技术犯规

技术犯规包含（但不限于）行为性质的队员的非接触犯规，如不顾裁判员警告；没有礼貌地冒犯裁判员、技术代表、记录台人员或球队席人员；使用冒犯或煽动观众的语言或举止；戏弄对方队员或在对方队员的眼睛附近摇手妨碍其视觉；在球穿过球篮后，故意触及球以延误比赛；假摔以伪造一次犯规等。

队员技术犯规，裁判应给其登记一次技术犯规，作为全队犯规之一计数。教练员、替补队员和随队人员的技术犯规，对每一起违犯行为都要登记教练员一次技术犯规，但不作全队犯规之一计数。

（3）违反体育道德的犯规

根据裁判员的判断，一名队员不是在规则规定的范围内合法地抢球，发生的接触犯规就是违反体育道德的犯规。应给犯规队员登记 1 次违反体育道德的犯规，判给对方罚球，以及随后在记录台对面的中线延长部分掷球入界或在中圈跳球开始第一节（如犯规发生在第一节比赛前）。

3.4 排球运动

排球运动是参与者以身体的任何部位（手、手臂为主）在空中击球，使球不落地的一项集体体育项目，既可隔网进行，也可不设网进行。排球运动具有激烈的对抗性和严密的集体性，同时具有休闲娱乐性和开展活动的便利性等特点。

本节简要介绍排球运动的起源、发展、竞赛规则等，并详细讲解其动作要领和战术要领。

一、排球运动简介

排球运动始于 1895 年，创始人是美国人威廉·摩根。第一部排球规则发表在 1896 年 7 月出版的《体育》杂志（美国）上。最初的排球比赛没有人数规定，赛前由双方临时商定，只要双方人数相等即可。

20 世纪 50 年代初，东欧各国主要依靠高点强攻和个人进攻战术的变化取胜，并一直处于世界领先地位。60 年代，日本女排在国际排坛崛起，创造了垫球、滚翻救球、勾手飘球等技术。1965 年，排球规则进行了重大修改，允许伸手过网拦网。

排球运动于 1905 年传入我国，当时仅在广东等地开展。

自 20 世纪 50 年代起，我国排球运动有了较快的发展，形成了一套以快球为中心的快攻掩护战术，此后男排在掌握"盖帽"拦网技术的基础上，创造了"平拉开"扣球新技术，发展了我国排球快攻打法的特点。20 世纪 70 年代中期，我国首创了"时间差"打法。男排创造了"前飞""背飞""拉三""拉四"等技术，丰富了快中有变的自我掩护打法，在世界比赛中取得了良好的成绩。1979 年，中国男排、女排分别夺得了亚洲排球锦标赛男子组和女子组的冠军，并获得了奥运会参赛资格，实现了冲出亚洲的愿望。1981—1986 年，中国女排连获 5 次世界冠军，在国际排坛上书写了辉煌的纪录。

二、排球运动技术要领

（一）准备姿势

按照身体重心的高低，准备姿势可分为稍蹲准备姿势、半蹲准备姿势和低蹲准备姿势 3 种，如图 3-79 所示。

AR
启动增强现实动画

图 3-79　准备姿势

1. 稍蹲准备姿势

两脚左右开立与肩同宽，一只脚在前，两膝微屈，身体重心位于两脚之间，并稍靠近前脚，后脚跟稍提起，上体稍前倾，两臂放松，自然弯曲置于腹前。两眼注视球并兼顾场上各种情况，两脚保持微动状态。

2. 半蹲准备姿势

两脚开立略比肩宽，两膝弯曲，脚跟自然提起，上体前倾，重心靠前，膝部的垂直线应在脚尖前面，两臂放松，自然弯曲置于腹前，两眼平视，注意来球，两脚始终保持微动。

3. 低蹲准备姿势

身体重心比半蹲准备姿势更低、更靠前，两脚左右、前后的距离更宽一些，膝部弯曲的程度大于半蹲准备姿势。身体重心要更靠前，肩部垂直线过膝，膝部垂直线超过脚尖。两手臂置于胸腹之间。

（二）垫球

垫球在比赛中主要用于接发球、扣球、拦回球及防守和处理各种困难球。现将几种常用的垫球技术做如下介绍。

1. 正面双手垫球

正面双手垫球是双手在腹前垫击来球的一种垫球方法，是各种垫球技术的基础，是最基本的垫球方法，适合于接各种发球、扣球和拦回球，在困难时也可以用来组织进攻。

正面双手垫球的基本手型有抱拳式、叠掌式和互靠式，如图 3-80 所示。

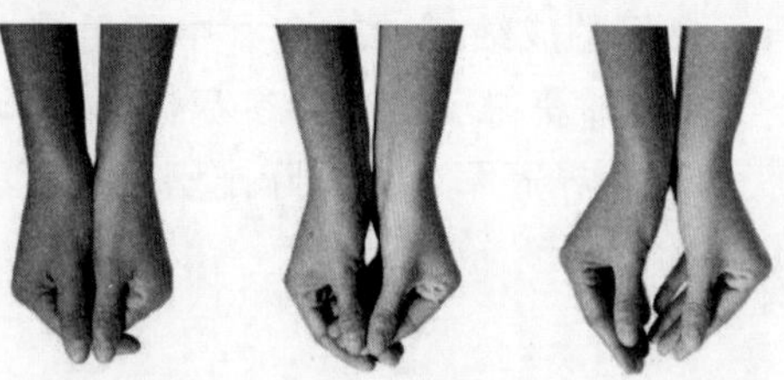

图 3-80　正面双手垫球的基本手型

正面双手垫球在垫轻球、垫中等力量来球和垫重球时，其动作方法是有一定区别的。

（1）垫轻球

垫轻球采用半蹲准备姿势，双手成垫球手型，手腕下压，两臂外翻形成一个平面，当球飞到腹前一臂距离时，两臂夹紧前伸，插到球下，向前上方蹬地抬臂，迎击来球，利用腕关节以上 10 cm 左右处的桡骨内侧平面击球的后下部，身体重心随击球动作前移，如图 3-81 所示。

图 3-81　垫轻球

（2）垫中等力量来球

垫中等力量来球的动作方法与垫轻球相同，由于来球有一定力量，因此击球动作要小，速度要慢，手臂适当放松。

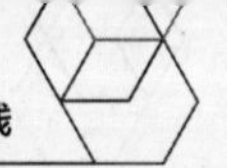

（3）垫重球

垫重球时，根据来球的高低和角度，采用半蹲或低蹲准备姿势，击球时要含胸、收腹，手臂要随球屈肘后撤，适当放松，以缓冲来球力量。在撤臂缓冲的同时，用微小的小臂和手腕动作控制垫球方向和角度。

2．体侧垫球

体侧垫球简称侧垫，是在身体侧面垫球的一种垫球方法。其特点是控制来球面宽，但较难把握垫击的方向、弧度和落点。

左侧垫球时，以右脚前脚掌内侧蹬地，左脚向左跨出一步，身体重心随即移至左脚，并保持左膝弯曲，两臂夹紧向左侧伸出，左臂高于右臂，右肩向下倾斜，再向右转腰和收腹，配合两臂在体侧截击球的后下部，如图 3-82 所示。

图 3-82　左侧垫球

3．跨步垫球

向前或向侧跨出一步的垫球方法称为跨步垫球。当来球的速度较快、弧线低、距身体 1 m 左右时，可采用跨步垫球的方法。跨步垫球时，当判断来球的落点后，迅速向来球方向跨出一大步，屈膝深蹲，臀部下降，两臂夹紧伸直插入球下，用两前臂的内侧平面击球的后下部，对准垫出方向，将球平稳垫起，如图 3-83 所示。

图 3-83　跨步垫球

4．单手垫球

当来球较远、速度快、来不及或不便用双手垫球时，可采用单手垫球。单手垫球动作快，垫击围大，但触球面积小，不易控制。单手垫球可采用各种步法接近球，可采用虎口、半握拳、掌根、手背及前臂内侧击球。

（三）移动

移动由起动、移动步法和制动 3 个环节构成。

1. 起动

起动是移动发力的开始，它的快慢是移动的关键，起动的速度取决于正确的准备姿势、反应能力和腰腿部的速度和力量。

2. 移动步法

起动后应根据临场战术的需要，灵活地采用各种移动步法进行移动。

（1）并步与滑步

并步如向前移动，则后脚蹬地，前脚向来球方向跨出一步，后脚迅速跟上做好击球准备。连续并步就是滑步。

（2）跨步与跨跳步

跨步如向前移动，则后脚用力蹬地，前脚向来球方向跨出一大步，膝部弯曲，上体前倾，身体重心移至前腿上。跨步过程中有跳跃腾空即为跨跳步。

（3）交叉步

以向右交叉步为例，上体稍向右转，左脚从右脚前面向右交叉迈出一步，然后右脚再向右跨出一大步，同时身体转向来球方向，保持击球前的姿势。

（4）跑步

跑步时两臂要配合摆动，如球在侧方或后方时应边转身边跑。

（5）综合步

综合步即以上各种步法的综合运用。

3. 制动

在快速移动之后，为了保持稳定的击球姿势和克服身体惯性的冲力，必须运用制动技术。

（1）一步制动法

一步制动时，最后跨出一大步，同时降低重心，膝和脚尖适当内转，全脚掌横向蹬地，抵住身体重心继续移动的趋势，并用腰腹力量控制上体，使身体重心的投影落在两脚所构成的支撑面内。

（2）两步制动法

两步制动时，以倒数第二步做第一次制动，接着跨出最后一步做第二次制动，同时身体后仰，重心下降，双脚用力蹬地，使身体处于做下个动作的有利姿势。

（四）传球

传球是排球运动的一项重要技术，是组织进攻战术的基础。传球主要运用在第二传，用于衔接防守和进攻。

常见的传球方式有以下 3 种。

1. 正面传球

面对出球方向的传球动作称为正面传球。正面传球是最基本的传球方法，是其他传球技术的基础。

采用稍蹲准备姿势，当来球接近额头时，开始蹬地、伸膝、伸臂，两手微张经脸前向前上方迎球。击球点在额头前上方约一球距离处。当手触球时，两手自然张开成半球形，手腕稍后仰，两拇指相对成“一”字或“八”字形，两手间有一定距离，用拇指内侧、食指全部、中指的二三指节触球的后下部，无名指和小指在球两侧辅助控制传球方向。两肘适当分开，两前臂之间约成 90° 夹角，传球时主要依靠腿、臂、手指、手腕力量，以及球的反弹力将球传出，如图 3-84 所示。

AR
启动增强现实动画

图 3-84　正面传球

2. 背传球

背对传球目标的传球动作称为背传球。身体背面要正对传球目标，上体保持直立或稍后仰，身体重心在两脚之间，双手自然抬起，放松置于脸前。迎球时，抬上臂、挺胸、上体后仰。击球点保持在额上方，比正传稍高、稍后。触球时，手腕后仰并适当放松，掌心向上，击球的下部，手型与正面传球相同，如图 3-85 所示。背传球动作要领是蹬地、展腹、抬臂、伸肘，依靠手指、手腕的弹力，将球向后上方传出。

图 3-85　背传球

3. 跳传

跳传是当一传弧线较高而又接近球网时，所采用的跳起传球技术，目前在比赛中运用比较广泛，一般用于二传。跳传可起到加快进攻速度和迷惑对方的作用，并且可使进攻战术多样化，扩大进攻的范围，减少二传环节中的失误。

起跳时，首先选好起跳点和掌握好起跳时间。起跳后，两臂屈肘抬起，两手放置于脸前，击球点保持在额上方，在身体跳至最高点时，做伸臂动作，用手指、手腕的弹力

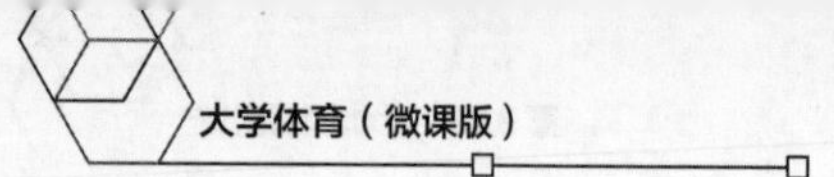

将球传出，如图 3-86 所示。由于人在空中，无法用上伸腿蹬地的力量去传球，因此，要加大伸臂的幅度和速度。

图 3-86　跳传

（五）拦网

1. 单人拦网

单人拦网是集体拦网的基础。其动作结构分为准备姿势、移动、起跳、空中动作和落地部分，相互衔接，如图 3-87 所示。

拦网

图 3-87　单人拦网

（1）准备姿势

队员面对球网，两脚左右开立，约与肩同宽，距网 30～40 cm。两膝微屈，两臂屈肘置于胸前。

（2）移动

常用步法有一步、并步、交叉步、跑步等。无论采用哪种移动步法，都要做好制动动作，以避免向上起跳时触网和冲撞同队队员。

（3）起跳

原地起跳时，两腿屈膝，重心降低，随即用力蹬地，两臂以肩发力，在体侧近身处，做画弧或前后摆动，帮助身体迅速跳起。移动后的起跳，起跳动作与原地起跳一样，但要注意制动并使移动与起跳动作紧密衔接。

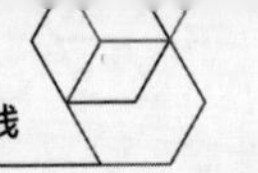

（4）空中动作

起跳时，两手从额前沿球网向上方伸出，两臂伸直并保持平行，两肩上提。拦网时，两臂应伸过网去接近球。两手自然张开，屈指屈腕成半球状。当手触球时，两手要突然收紧，手腕下压盖在球的前上方。

（5）落地

拦球后，要做含胸动作，以保持身体平衡。手臂要先后摆或上提，从网上收回至本方上空，再屈肘向下收臂，以保持身体平衡。与此同时屈膝缓冲，双脚落地，随即转身面向后场，准备接应来球或做下一个动作准备。

2. 双人拦网

由前排两名队员互相靠近，同时起跳组成的拦网，称双人拦网。双人拦网是集体拦网的一种，是比赛中常用的一种拦网形式，主要在对方大力扣球时采用。

双人拦网时，应以一人为主拦队员，另一人为配合队员。但主拦队员不是固定的，一般情况下距对方扣球点近的队员应为主拦队员。主拦队员必须抢先移动到正对扣球点的位置，做好起跳准备，配合队员则迅速移动靠近主拦队员准备同时起跳。两队员之间的距离一定要合适，距离太远，跳起后将出现“空门”；距离太近，起跳时互相干扰，致使双方都跳不高。双人拦网起跳时，两人的手臂应该在体前画小弧向上摆伸，身体要尽量垂直向上起跳，防止互相碰撞或干扰。手臂在空中既不能重叠，造成拦击面缩小，又不能间隔太宽，造成中间漏球。扣球靠近边线时，靠边线近的拦网队员外侧的手应适当内转，以防打手出界。

3. 三人拦网

三人拦网也是集体拦网的一种形式。它是在对方扣球进攻力强，路线变化多，但很少轻扣和吊球时采用。三人拦网的动作方法与双人拦网相同，关键在于移动迅速、取位恰当、配合密切。无论对方从哪个位置进行扣球，一般都以 3 号位队员为主拦队员，2 号、4 号位队员为配合队员。由于三人拦网对配合的要求高，加之减弱了防守、保护的力量，故只在很有必要的情况下才采用。

拦网队员要在瞬间从防守转为进攻、从被动转为主动，而完成这些都要在空中进行，所以难度较大，这就要求拦网队员应积极主动，判断准、起动快、跳得高、下手狠。

（六）发球

发球是 1 号位队员在发球区内自己抛球后，用一只手将球直接击入对方场区的一种击球方法。发球是排球技术中唯一不受他人制约的技术。

1. 正面上手发球

队员面对球网，两脚前后自然开立，左脚在前，用左手托球于身前，抬高手臂，手掌平托上送，将球平稳地垂直抛于右肩前上方，高度适中。在左手抛球的同时，右臂抬起，屈肘后引，肘与肩平，上体稍向右转。击球时，利用蹬地、转体和收腹带动手臂挥动，在右肩前上方伸直手臂的最高点，以全手掌击球的中下部，如图 3-88 所示。击球时，手指自然张开吻合球，手腕要迅速主动地做推压动作，使击出的球呈上旋飞行。为了加强发球的力量和攻击性，还可采用一步、两步或多步的助跑发球方法。

图 3-88　正面上手发球

跳发球是在端线附近助跑起跳的上手发球（见图 3-89），极具攻击性，但技术难度较大，需要球员同时具备相当好的弹跳力、爆发力和控制能力。

图 3-89　跳发球

2. 正面上手发飘球

正面上手发飘球是采用正面上手的形式，使发出的球不规则地飘晃飞行的一种发球方法。

准备姿势同正面上手发球，但抛球比正面上手发球稍低、稍靠前。击球前，手臂自后向前做直线挥动。击球时，五指并拢，手腕稍后仰，用掌根平面击球的中下部，作用力直达球体重心。击球瞬间手指、手腕紧张，手型固定，不加推压动作，并有手臂突停动作，如图 3-90 所示。

图 3-90 正面上手发飘球

3. 正面下手发球

正面下手发球是正面对网，手臂由后下方向前摆动，在腹前将球击入对方场区的发球方法。

面对球网，两脚前后开立，左脚在前，两膝微屈。上身稍前倾，重心偏后脚。左手持球于腹前，将球轻轻抛起在体前右侧，离手高约 20 cm，在抛球的同时右臂伸直以肩为轴向后摆动，借右腿蹬地力量，身体重心随着右手向前摆动击球而移至前脚上。在腹前以全手掌、掌根或虎口击球后下方，如图 3-91 所示。

图 3-91 正面下手发球

4. 勾手飘球

勾手飘球采用侧面对网站位，可利用身体转动和腰部力量带动手臂快速挥动击球，比较省力。勾手飘球是目前排球比赛中常用的一种发球方法，男、女队员均可采用。

发球队员应左肩对网，左手将球平衡抛向左肩前上方，抛至相同于击球点的高度。在抛球的同时，右臂伸直向身体右侧后下方摆动，身体重心移至右脚。当球开始上升到最高点时，右脚蹬地，身体向左侧转动，带动手臂沿弧线轨迹挥动，在右肩前上方以掌根或半握拳拇指根部坚硬平面击球后中下部，击球一瞬间，手腕稍后仰并保持紧张，用力集中，作用力要通过球体的重心。击球后，可做突停或下拖动作，但不能有推压的动作。

无论采用哪种发球动作，都必须做到以下 3 点：一是平稳抛球，二是击球要准，三是手法要正确。

（七）扣球

扣球是攻击性最强、最有效的进攻手段，在比赛中占有非常重要的地位。

1．正面扣球

正面扣球是扣球技术中的一种重要方法，是比赛中运用较多的一项进攻性技术，适用于近网和远网扣球。

扣球

（1）准备姿势

扣球助跑前采用稍蹲姿势，两臂自然下垂，站在离网 3 m 左右处，身体转向来球方向，观察来球，做好向各个方向助跑起跳的准备。

（2）助跑

助跑开始时，左脚先向前迈出一步，紧接着右脚再快速跨出一大步，左脚及时并上，踏在右脚之前，两脚尖稍向右转。两臂绕体侧向上引摆。

（3）起跳

在助跑跨出最后一步（即第二步），左脚并上踏地制动的同时，两臂自后积极向前摆动，随着双腿蹬地向上起跳，两臂配合起跳有力地向上摆动。

（4）空中击球

起跳后，挺胸展腹，上体稍向右转，右臂向后上方抬起，身体成反弓形。挥臂时，应迅速转体、收腹发力，依次带动肩、肘、腕各部位关节向前上方成鞭甩动作挥动。击球时，五指微张，以掌心为主，全掌包满球，在手臂伸直的最高点的前上方击球的后中部，同时主动用力屈腕屈指向前推压球，使扣出的球呈上旋状态。

（5）落地

落地时，以两脚前脚掌先着地再迅速过渡到全脚掌着地，同时顺势屈膝、收腹，以缓冲下落的力量，立即做好下一个动作的准备。

2．调整扣球

调整扣球是指在接发球或后排防守垫球不到位时，二传队员从后场区将球传到网前所进行的扣球。调整扣球技术动作与正面扣球相同，但由于二传球来自后场区，有近网球，也有远网球，还有拉开球和集中球，与球网有一定的角度并且弧线不固定，扣球队员难以判断，因此扣这种球难度较大。因此，扣球队员要准确判断来球的方向、弧线、速度和落点，调整好人和球的关系，选择好起跳点，掌握好起跳时间，根据人和球网的距离，合理地采用不同的扣球方法，控制好扣球的力量、速度、方向、路线和落点。

3．扣快球

扣快球是扣球队员在二传队员传球前或传球的同时起跳，并迅速将二传队员传出的球，击入对方场区的扣球。扣快球在时间上争取主动，起到攻其不备、突然袭击的作用，可使对方拦网和防守产生判断错误。这种扣球的特点是速度快、力量大、时间短、落点近、突然性强、牵制能力大。扣快球技术动作方法较多，有近体快球、半快球、短平快球、平拉开快球、背快球、背平快球、调整快球等。

4．自我掩护扣球

（1）时间差扣球

扣球队员利用起跳时间的差异迷惑对方拦网的扣球称为时间差扣球。这种扣球可运

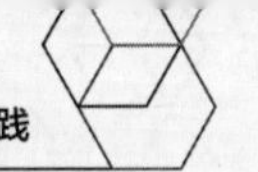

用在近体快球、背快球、短平快球等扣球中。扣球时，按扣快球的助跑、摆臂节奏佯作起跳，以诱使对方起跳拦网。待对方拦网队员下落后，扣球队员立即原地起跳扣半高球。

（2）位置差扣球

扣球队员按扣球的时间助跑，在助跑后佯作踏蹬、下蹲与摆臂动作明显的起跳扣球，但助跑后不起跳，待对方队员拦网起跳时，突然变向侧跨出一步，动作幅度、挥臂幅度小，速度快，用双足或单足“错”开拦网人的位置起跳扣球，称为位置差扣球，或称错位扣球。

（3）空间差扣球

扣球队员利用助跑的冲力和专门的踏蹬技术，使身体向前上方跃出，把正面区位盯人拦网的对手甩开，使扣、拦在空中出现差误，称为空间差扣球，也叫冲飞扣球。

三、排球运动战术要领

（一）阵容配备

阵容配备和进攻战术

1.“三三”配备

“三三”配备形式由3名进攻队员和3名二传队员组成。站位时，1名进攻队员间隔1名二传队员。目前采用这种配备形式的球队比较少，它一般适用于初学者和水平较低的球队。

2.“四二”配备

“四二”配备形式由4名进攻队员（主攻和副攻队员各2名）和2名二传队员组成，他们分别站在对角的位置上。目前，在水平一般的球队中采用这种配备形式的比较多。

“四二”配备的优点是每一轮次前排都有1个二传队员和2个进攻队员，便于组织“中二三”“边二三”进攻，战术配合有一定的稳定性。缺点是前排进攻点相对较少，隐蔽性差，不能适应高水平球队的要求。

3.“五一”配备

“五一”配备形式由5名进攻队员和1名二传队员组成。位置的安排与“四二”配备基本相同，只是由1名进攻队员站在与二传对应的位置上作为接应二传，其目的是应对在主二传来不及到位传球时所出现的被动局面，但主要还是承担进攻任务。这种阵容配备在水平较高的球队中普遍采用。

“五一”配备的优点是加强了拦网和前排进攻力量，全队的进攻队员只需适应1名二传队员的技术特点，有利于统一指挥、相互配合，能够更好地控制比赛的节奏，使进攻战术富于变化。缺点是当二传队员轮转到前排时，有3轮前排只有2名进攻队员，影响了前排整体进攻的威力。

（二）进攻战术

进攻战术主要有以下3种形式：“中一二”进攻战术、“边一二”进攻战术和“插上”进攻战术。

1.“中一二”进攻战术的形式特点

容易组织，但战术变化少，只能两点进攻，战术意图容易被识破，战术的突然性和

攻击性小。其变化形式有：扣球队员通过二传队员传出集中、拉开、背传和平快等各种球，采用斜线助跑、直线助跑和跑动中变步起跳扣球等。

2.“边一二”进攻战术的形式特点

形式简单，容易掌握，也是基本战术形式之一。“边一二”进攻战术的变化形式除“中一二”战术形式变化外，还可组织“快球掩护拉开”“前交叉”“围绕”“快球掩护夹塞”“梯次”“短平快掩护拉开”“掩护活点进攻”等战术。

3.“插上”进攻战术的形式特点

保持前排 3 人进攻，充分利用网的全长，发挥每个队员的特点，能够快速、多变地组织各种战术。进攻的突破点多、变化性大，使对方难以有效地组织集体拦网和防守。

（三）防守战术

这里主要介绍“心跟进”和“边跟进”两种防守战术。

1.“心跟进”防守战术

在本方拦网能力强，对方采取打吊结合时采用“心跟进”防守战术。当对方 4 号位队员进攻时，本方 2 号、3 号位队员拦网，后排中心的 6 号位队员在本方拦网时跟在拦网队员之后进行保护，其余 3 名队员组成后排弧形防守。其优点是加强了前区的防守能力，缺点是后排防守队员之间的空档较大。

2.“边跟进”防守战术

多在对方进攻较强、吊球较少时采用“边跟进”防守战术。当对方 4 号位队员进攻时，本方 2 号、3 号位队员拦网，其他 4 个队员组成半圆弧形防守。如遇对方吊前区，由边上 1 号位队员跟进防守。其优点是加强了拦网，缺点是边上的队员既要防直线，又要跟进防前区，比较困难。

四、排球运动竞赛规则

（一）规则简介

排球是一项集体比赛项目，由两队 12 名队员组成，两队各派 6 名队员在由球网分开的场地上进行比赛。

比赛的目的是各队遵照规则，将球击过球网，使其落在对方场区的地面上，而防止球落在本方场区的地面上。每队可击球 3 次（拦网触球除外），将球击回对方场区。

比赛由发球开始，发球队员击球使其从网上飞至对方场区，比赛由此连续进行，直至球落地、出界或某一队不能合法地将球击回对方场区。

排球比赛采用五局三胜制，胜三局的队胜一场。比赛中，某队胜 1 球，即得 1 分（每球得分制）。接发球队胜 1 球时得 1 分，同时获得发球权，队员按顺时针方向轮转一个位置。每局比赛（决胜局第五局除外）先得 25 分并同时领先对手 2 分以上的队胜一局。当比分为 24∶24 时，比赛继续进行至某队领先 2 分（26∶24、27∶25…）为止。决胜局先得 15 分并同时领先对手 2 分以上的队获胜。当比分为 14∶14 时，比赛继续进行至某队领先 2 分（16∶14、17∶15…）为止。

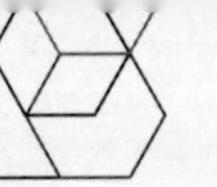

（二）发球犯规

发球犯规包括发球击球时的犯规和发球击球后的犯规。

发球击球时的犯规包括：①发球次序错误；②发球队员在击球或击球起跳时，踏及场区（包括端线）或发球区以外地面；③发球队员在第一裁判员鸣哨允许发球后 8 s 内未将球击出；④球未被抛起或持球手未清楚撤离就击球；⑤双手击球或单手将球抛出、推出；⑥将球抛起准备发球却未击球。

发球击球后的犯规包括：①球触及发球队其他队员或球的整体没有从过网区内通过球网的垂直平面；②界外球；③球越过发球掩护的个人或集体（在发球时，某一队员或两名以上队员密集站位或挥臂跳跃、移动遮挡接发球队员，且发出去的球从他或他们上空飞过，则构成个人或集体发球掩护犯规）。

（三）位置错误

排球规则规定，当发球队员击球时，如果场上队员不在其正确位置上，则构成位置错误犯规。下列情况之一者均为位置错误犯规：①发球队员击球时，场上其他队员未完全站在本场区内；②发球队员击球时，场上队员未按“每一名前排队员至少有一只脚的一部分比同列后排队员的双脚距中线更近”的规定站位；③发球队员击球时，场上队员未按“每一名左边（右边）队员至少有一只脚的一部分比同排中间队员的双脚距左（右）边线更近”的规定站位。

（四）击球时的犯规

1. 连击犯规

排球比赛时，运动员身体任何部分均可触球，但一名队员（拦网队员除外）连续击球两次或球连续触及身体的不同部位即为连击犯规。但在第一次击球时，允许队员在同一击球动作中，球连续触及身体的不同部位。

2. 持球犯规

排球运动员在比赛中，身体任何部分均可触球，但球必须被击出，不得接住或抛出，否则即为持球犯规。

3. 4 次击球犯规

一个队连续触球 4 次（拦网除外）为 4 次击球犯规。队员不论是主动击球还是被动触及，均算该队击球一次。

4. 借助击球犯规

队员在比赛场地内借助同伴或任何物体的支持进行击球，皆为借助击球犯规。

5. 队员在球网附近的犯规

队员在球网附近的犯规包括过网击球犯规、过中线犯规、触网犯规和网下穿越进入对方空间妨碍对方比赛犯规等。对方进攻性击球前或击球时，在对方空间触及球为过网击球犯规。比赛进行中，队员整只脚、手或身体其他任何部分越过中线并接触对方场区，为过中线犯规。比赛过程中，队员触网或触标志杆不是犯规，但队员在击球时或干扰比赛情况下的触网或触标志杆为犯规。队员击球后可以触及网柱、全网以外的网绳或其他

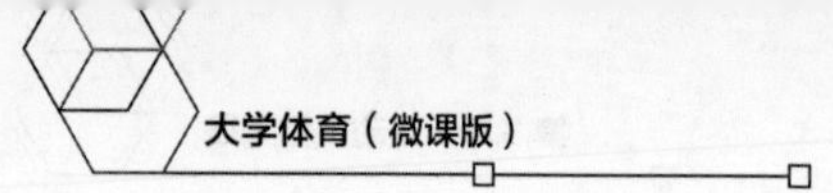

任何物体，但不得影响比赛。比赛过程中，在不妨碍比赛的情况下，允许队员在网下穿越进入对方空间。若网下穿越进入对方空间的队员妨碍了对方比赛则为犯规。

6. 同时击球

双方队员或同队队员可以同时触球。同队的两名或两名以上队员同时触到球，被计为两次或两次以上击球（拦网除外）。双方队员在网上同时击球后，如果球落入场内，应继续比赛，获得球的一方仍可击球 3 次。

7. 拦网犯规

拦网犯规包括过网拦网犯规、后排队员拦网犯规、拦发球犯规和从标志杆外伸入对方空间拦网犯规几种情况。在对方进攻性击球前或击球时，在对方空间拦网触球为过网拦网犯规，判断过网拦网的依据是进攻队员与拦网队员触球时间的先后。后排队员或后排自由防守队员完成拦网或参与完成集体拦网，为后排队员拦网犯规。拦对方发过来的球为拦发球犯规。从标志杆外伸入对方空间拦网并触球为拦网犯规。

8. 后排队员进攻性击球犯规

后排队员在前场区内或踏及进攻线（或其延长线），将整体高于球网上沿的球，击过球网垂直面或触及对方拦网队员，则为后排队员进攻性击球犯规。

（五）暂停和换人

在比赛中，每局每队最多可以请求 2 次暂停并有 6 次换人机会，暂停时间限制为 30 s。第 1～4 局，每局另外有 2 次时间各为 60 s 的技术暂停，每当领先队达到 8 分和 16 分时自动执行。决胜局（第 5 局），没有技术暂停，每队在该局中可请求 2 次 30 s 的普通暂停。

（六）自由防守队员的有关规定

排球比赛的各队可以在最后确认的 12 名队员中选择 1 名作为自由防守队员（Libero）。自由防守队员身着区别于其他队员颜色的服装。比赛前，自由防守队员必须登记在记分表上，并在旁边注明“L”字样，其号码必须登记在第一局上场阵容位置表上。自由防守队员仅作为特殊的后排队员参加比赛，在任何位置上（包括比赛场区和无障碍区）都不得将高于球网的球直接击入对方场区完成进攻性击球。自由防守队员不得发球、拦网或试图拦网。自由防守队员在前场区进行上手传球且所传球的整体高于球网上沿时，其同伴不得在高于球网处完成对该球的进攻性击球。

3.5 乒乓球运动

乒乓球被誉为中国国球，在世界范围内也受到大家的喜爱。乒乓球比赛分团体、单打、双打等数种，2001 年 9 月 1 日前以 21 分为一局，现以 11 分为一局；采用五局三胜、七局四胜。

本节简要介绍乒乓球运动的起源、发展和竞赛规则，详细讲解其技术要领和战术要领。

一、乒乓球运动简介

乒乓球（Table Tennis）运动起源于英国，由网球发展而来，欧洲人将其称为“桌上

的网球”。19 世纪末，欧洲盛行网球运动，由于受到场地和天气的限制，英国大学生便把网球移到室内，以餐桌为球台、书为球网，用羊皮纸做成球拍，在餐桌上打来打去。球台和球网的大小、高度及记分方法均无统一规定，发球的方法也无严格限制。

1926 年 12 月，国际乒乓球联合会在英国伦敦成立，举行了第 1 届世界乒乓球锦标赛。世界乒乓球运动的发展主要经历了 5 个阶段：第一阶段是欧洲乒乓球运动的全盛期（1926—1951 年）；第二阶段是日本称雄世界乒坛时期（1952—1959 年）；第三阶段是中国乒乓球运动的崛起时期（1960—1969 年）；第四阶段是欧洲乒乓球运动的复兴和欧亚乒乓球运动的对抗时期（1970—1987 年）；第五阶段是奥运时代（1988 年至今）。

20 世纪 50 年代，我国在全国范围内开展了群众性的乒乓球运动，技术水平得以迅速提高。1959 年，我国优秀运动员容国团在第 25 届世界乒乓球锦标赛中获得我国第 1 个男子单打世界冠军，这标志着我国乒乓球运动在世界乒坛的崛起。自此，我国乒乓球技术水平进入了世界先进的行列，并长盛不衰。

二、乒乓球运动技术要领

（一）握拍

当前世界上流行的握拍法有直拍握法和横拍握法两种。

1. 直拍握法

直拍握法正反手都用球拍的同一拍面击球，一般情况下不需要两面转换，出手较快；正手攻球快速有力，攻斜线、直线球时拍形变化不大，对手不易判断，便于从速度、球路和力量上取得主动；手腕动作灵活，发球可做较多变化；但反手攻球时，因受身体阻碍较难掌握，不易起重板；攻削交替时手法变化大，影响击球速度和准确性；防守时照顾面积较小。

基本握法如图 3-92 所示，用拇指和食指握住球拍拍柄与拍面的结合部位。拍柄右侧贴在食指的第三关节内侧。食指的第二关节压住球拍的右肩，其第一关节自然向内弯曲，拇指的第一关节压住球拍的左肩，其他三指自然弯曲斜形重叠，以中指第一关节贴于球拍的 1/3 上端。

图 3-92 直拍握法

2. 横拍握法

横拍握法照顾面比直拍大，攻球和削球时握拍的手法变化不大；反手攻球不受身体阻碍，便于发力；削球时用力方便，易于发挥手臂的力量和掌握旋转变化。但在还击左右两面来球时，需变换击球拍面；攻斜线、直线球时调节拍形的幅度大、动作明显，易被对方识破；台内正手攻球也较难掌握。

基本握法如图 3-93 所示，以中指、无名指、小指自然地握住拍柄，拇指在球拍正面轻贴在中指旁边，食指自然伸直斜于球拍的背面，虎口轻微贴拍。

图 3-93　横拍握法

在准备击球或将球击出后，握拍都不宜过紧或过松。过紧会使手腕僵硬，影响球的飞行弧线；过松会因拍面不稳，影响发力和击球的准确性。

（二）基本站位

乒乓球运动员的基本站位应根据不同类型的打法、个人技术特点和身体特点确定。基本站位的一般形式如下（以右手持拍为例）。

① 左推右攻打法的运动员，其站位在近台偏左，距球台 30～40 cm。

② 两面攻打法的运动员，基本站位也在近台中间偏左，距球台 40～50 cm。

③ 弧圈球打法的运动员，基本站位在中台偏左，距球台约 50 cm。两面拉弧圈球的运动员，其站位中间略偏左。

④ 横板攻削结合打法的运动员，基本站位在中台附近；削球打法的运动员，基本站位则在中远台附近。

（三）基本姿势

击球前身体的基本姿势如图 3-94 所示：①两脚平行站立，距离比肩略宽，保持身体平稳，重心置于两脚之间；②两脚稍微提踵，前掌内侧着地，两膝微屈内扣，上体含胸略前倾；③右手握拍于腹前，手臂自然弯曲，持拍手腕放松，左手协调平衡；④下颌稍向下收，两眼注视来球；形如箭在弦上，视球以外无物。

图 3-94　基本姿势

关键是要做到重心低，起动快。两脚略比肩宽和屈膝内扣是为了保持身体重心的稳定性；脚掌内侧着地和稍微提踵是为了保证快速起动。横握球拍时肘部向下，前臂自然平举即可，其余与直握拍相同。

（四）基本步法

乒乓球运动常用的基本步法有单步、跨步、跳步、并步、交叉步等。

1. 单步

以一只脚为轴心，另一只脚向前或向后、左、右移动一步，身体重心随之落到移动脚上，挥拍击球。单步的特点是移动简单，范围小，身体重心平稳，适用于球离身体较近时的情况。

2. 跨步

以来球方向的异侧脚蹬地，同侧脚向来球方向跨出一大步，身体重心随即移到同侧脚，异侧脚迅速跟上。跨步的特点是移动范围比单步大，适用于球离身体较远时的情况；移动速度快，多用于借力回击。

3. 跳步

以来球方向的异侧脚蹬地为主，两只脚发力的同时离地，异侧脚先落地，另一只脚随即着地即挥拍击球。跳移过程中，身体重心起伏不宜过大，落地要稳。跳步的特点是移动范围比单步和跨步大，移动速度快，适用于来球离身体较远、较急时的情况。

4. 并步

来球方向的异侧脚向同侧脚并一步，然后同侧脚再向来球方向迈一步，挥拍击球。并步的特点是移动时脚步不腾空，身体重心平稳，移动范围不如跳步大。

5. 交叉步

来球方向的同侧脚发力，异侧脚迅速从体前做平行交叉横跨一大步，同侧脚迅速跟上落地还原，挥拍击球。交叉步的特点是移动范围比其他步法大，适用于来球距身体较远时主动发力进攻的情况。

（五）发球

乒乓球比赛中的发球技术将直接影响到得分和失分，发球是力争主动、先发制人的第一个环节。现介绍几种常用的发球技术。

1. 平击发球

平击发球速度慢，力量轻，几乎不带旋转，易掌握，是初学者的入门技术，也是掌握其他发球技术的基础。它分为正手平击发球和反手平击发球两种。

正、反手平击发球时，站位近台，抛球的同时，向右（左）侧后方引拍。当球下降至稍高于网时，上臂带动前臂向前平行挥动，拍形稍前倾，或接近垂直，击球的中上部。击球后，手臂继续向左（右）前上方顺势挥动，并迅速还原。

2. 正手发转和不转的球

正手发转和不转的球是用相似的动作迷惑对方，发出旋转差异较大的球，往往能够取得主动。它是中国队 1959 年发明的一种发球技术。其准备姿势与正手平击发球相似。发转球时，拍面后仰，用球拍下半部靠左的一侧摩擦球的底部。发不转球时，拍面的后仰角度小一些，用球拍上半部偏右的一侧碰击球的中下部。

3. 发短球

发短球指发至对方距球网约 40 cm 范围内的球，且第二跳不出台，具有动作小、出手快、落点短的特点。正反手均可发短球。

在抛球时，向身体右后方引拍，手腕放松。当球从高点下降至稍高于网时，前臂向前下方稍用力，拍面后仰，击球瞬间主要以手腕发力为主，触球的中上部并向底部摩擦。

4．正手发左侧上、下旋球

正手发左侧上、下旋球指用近似的发球方法发出两种旋转方向完全不同的球，这种发球方法极易迷惑对方，具有较大的威胁性，是极常用的发球技术。所发出的球均具有较强烈的左侧旋。

右脚在后，抛球时，持拍手向右上方引拍，手腕略向外展，如图 3-95 所示。当球下落时，手臂迅速向左下方挥动，在与网同高时触球，触球瞬间手腕快速向左上方挥动，使球拍从球的中部略偏下向左上方摩擦。发左侧下旋球时，手腕快速向左下方转动，使球拍从球的中下部向左下方摩擦。

图 3-95　正手发左侧上、下旋球

5．侧身正、反手发高抛球

将球高抛至 2～3 m，下降的球会获得加速度，从而增加了球与拍的合力，增强了发球的旋转，如图 3-96 所示；而且高抛球下落时间长，改变了击球节奏，可影响对手的注意力和心理状态，从而增大了发球的威胁性。

图 3-96　侧身正、反手发高抛球

（六）接发球

接发球的基本方法由点、拨、带、拉、攻、推、搓、削、摆短等技术组成。运用这些方法接发球时，存在着一般的规律，即用某单一接发球方法可以接稳对方某种性能的发球。下面介绍一般接发球的规律和最基本的接发球方法。

1. 接上旋球

一般采用推、拨、攻、拉等技术接上旋球。

2. 接下旋球

发过来的球速度较慢，触拍后向下反弹，用搓球接下旋球时，注意拍面后仰以增加向前上方的发力。用拉攻或弧圈球接下旋球时，一定要增加向上提拉的力量。

3. 接左侧上、下旋球

接左侧上旋球一般采用推、攻为宜。回接时，拍面角度要稍前倾，拍面向左偏斜以抵消来球的左侧旋，向前下方用力要相对加大，防止球触拍时向自己右上方反弹。接左侧下旋球一般采用搓、削为宜。回接时，拍面角度要稍后仰，拍面所朝方向向左偏斜以抵消来球的左侧旋，稍向上用力，防止球触拍时向自己左下方反弹。

4. 接旋转不明发球

当发球旋转判断不明时，站位应稍远，运用慢搓，在球下降中期时接，这样有利于增加判断时间，降低来球旋转强度和赢得接球的技术选择时间，如图 3-97 所示。

图 3-97　接旋转不明发球

5. 接短球

由于对方发来的球是台内近网短球，回接时要注意及时上前，以获得最适合的击球位置。同时要控制好身体的前冲力量。接发球后要迅速还原，准备下一拍来球。无论采用搓、削、挑、带哪一种方法回接短球，都应特别注意，来球是在台内，台面会影响引拍，因此要充分依靠前臂和手腕发力，同时要根据来球的旋转性能调节拍面角度、击球部位、击球时间和用力方向。

（七）推挡

推挡，顾名思义，具有推和挡的两种功能：“挡”着重防守，强调借力，如在接重板或速度较快的球时，多采用“挡”，其主要有平挡、减力挡、侧挡等技术；“推”力主进攻，强调主动加力，加快球速，主要技术有快推、加力推、推挤、下旋推挡等。这里着重介绍平挡、快推和加力推 3 种技术。

1. 平挡（挡球）

两脚平行站位，身体靠近球台。击球前，上臂贴近身体，前臂约与台面平行，球拍置于腹前，略高于台面呈半横状，拍面近乎垂直。击球时，调整好拍形，在来球上升前期触球中部或中上部，借来球的反弹力将球挡回。平挡具有速度慢、发力均匀柔和、力量小等特点。

2. 快推

近台中偏左站位，右脚稍前，上臂和肘关节靠近右侧身旁。拍面垂直，当球弹起至上升前或中期时，拍面略前倾，大臂带动前臂向前或前上方加速推出，击球中上部。

3. 加力推

加力推动作较大，回球力量重，球速快，主要用于对付反手位速度较慢、反弹偏高的球。当来球弹至上升后期或高点期时，拍面前倾，大臂带动前臂，前臂带动手腕向前或前下方加速发力推出，击球中上部或上中部。加力推时，可以配合髋、腰及身体前移共同发力。

（八）攻球

攻球

攻球可分为正手攻球和反手攻球两种。每种又可包括许多不同的攻球方法。下面主要介绍几种常用的攻球技术。

1. 正手快攻

正手快攻具有站位近、动作小、速度快、攻击性强的特点。左脚稍前，身体离球台40～50 cm，呈基本姿势站立。以前臂为主引拍至身体右侧方。球拍呈半横状。击球时，在上臂带动下前臂和手腕由右侧方向左前上方挥动，拇指压拍，食指放松，拍面稍前倾，在来球弹起上升期，击球的中上部。击球后，手臂随势向前挥摆，迅速还原成击球前的准备姿势。

2. 正手台内攻

正手台内攻具有站位近、动作小、速度快、突然性强等特点，站位近台，右方大角度来球时右脚上步，中间或偏左方向来球时左脚上步。上步同时上臂和肘部前移，前臂伸进台内迎球。当来球跳至高点期，下旋强时，拍面稍后仰，前臂和手腕向前上方发力，击球的中下部；下旋弱时，拍面接近垂直，前臂和手腕以向前发力为主击球的中部；上旋球时，拍面稍前倾，前臂和手腕向前发力击球的中上部。

3. 正手中远台攻

正手中远台攻具有站位远、动作大、力量大的特点。左脚稍前，身体离球台 1 m 左右。持拍手臂较大幅度向右后方引拍，拍面接近垂直。击球时，右脚蹬地、向左转体的同时，上臂带动前臂由右后方加速向左前上方发力挥动，手腕边挥边转使拍形逐渐前倾，在来球弹起至下降前期，击球中部或中上部。

4. 正手扣杀

正手扣杀具有力量大、速度快、攻击性强的特点。前臂内旋使拍面稍前倾，随着身体向右转动，持拍手臂引拍于身体右后方。随着右脚蹬地，身体左转，持拍手上臂带动前臂加速向左前上方发力挥动，拍面稍前倾，在来球弹起至高点期，击球的中上部。一般击球点在胸前 50 cm 为宜。

5. 反手快攻

左脚稍后，身体离球台 40～50 cm。持拍手臂自然弯曲并外旋使拍面前倾，上臂与肘关节自然靠近身体，引拍至腹前偏左的位置。击球时，在上臂带动下前臂和手腕向右前上方挥动，同时配合外旋转腕动作，使拍面稍前倾，在来球弹起上升期，击球中上部。

6. 反手中远台攻

右脚稍前，身体离球台 0.7～1 m。身体左转的同时，持拍手的上臂和肘关节靠近身体，前臂向左下方移动，引拍至身体左侧下方，拍面稍前倾。击球时，身体右转的同时，手臂由左后向前挥动，前臂在上臂带动下，向前上方用力，并配合向外转腕，使拍面稍倾，在来球弹起下降期，击球中下部。

（九）搓球

对初学者来说，首先学反手搓球，再学正手搓球。先练习慢搓，再练习快搓。在基本熟悉以上技术之后，再练习搓转与不转的球。

1. 慢搓

慢搓的动作幅度较大，回球速度较慢，靠主动发力回击，回球有一定旋转强度。

反手搓球时，向左上方引拍，前臂以肘关节为轴，快速向前下方用力挥摆，伸手腕辅助用力，手指配合使拍面后仰，在球的下降前期切击球的中下部，如图 3-98 所示。

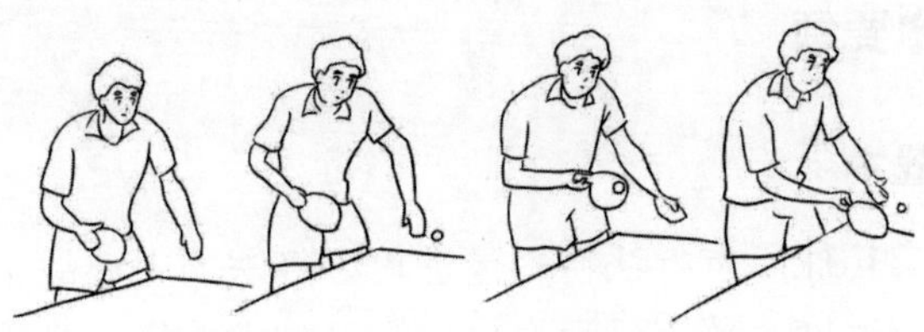

图 3-98 反手搓球

正手搓球时，手臂外旋使拍面后仰，前臂提起，向右上方引拍至右肩高度，如图 3-99 所示。当来球至下降前期，手臂快速向左前下方挥摆，屈手腕辅助用力，切击球的中下部。

图 3-99 正手搓球

2. 快搓

快搓的动作幅度较小，回球速度较快，能借助来球的前进力回击。它是对付削球和搓球的一种方法。

右脚稍前，身体靠近球台。来球在身体左侧时，可运用反手搓球。击球时，上臂迅速前伸，前臂跟随向前，拍形稍后仰，利用上臂前送力量，在上升期击球中下部。来球在身体右侧，可以运用正手搓球。搓球时，身体稍向右转，手臂向右前上引拍，然后前臂和手腕向前下方用力，在上升期击球的中下部。

3. 搓转球与不转球

用近似手法搓出转与不转两种性质不同的球，使对方难以判断，增加其回球难度或直接导致接球失误。图 3-100 所示为反手搓转球与不转球时击球位置的差异。

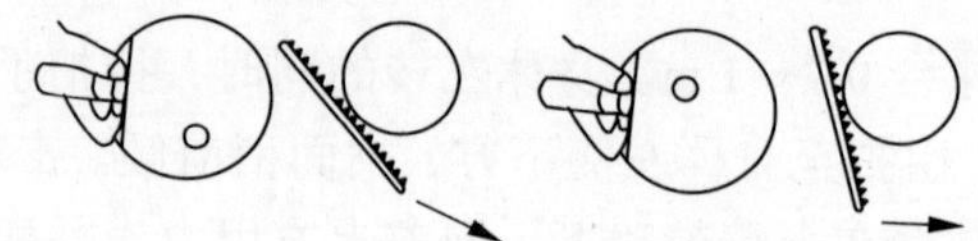

图 3-100　搓转球与不转球

搓转球与不转球的动作方法与快搓技术的动作相同。决定转与不转要看击球作用力是偏离球心还是通过球心。搓转球时，除击球速度、击球力量和拍面后仰角度要加大以外，还要在球拍切击球时切薄一些，使其作用力远离球心，形成较旋转的下旋球。而搓不转球时，减小拍面后仰角度，击球中下部并向前上推，使击球力量接近或通过球心，这样就形成相对的不转球。搓转球与不转球时，一定要在相似的动作上下功夫，如果搓不转球的动作意图很明显，则会弄巧成拙，送给对方进攻机会。

三、乒乓球运动战术要领

（一）发球抢攻战术

发球抢攻战术是乒乓球所有打法特别是进攻型打法的主要战术和得分手段。发球抢攻战术以发球的旋转、速度、落点灵活变化为主要技术特征，常用的有以下几种。

① 发下旋转与不转球抢攻。

② 发正、反手奔球抢攻。

③ 发正、反手侧上、下旋球抢攻。

发球抢攻要注意：①发球要有线路和落点变化，以便使对方在前、后、左、右走动中接发球；②发球后要有抢攻准备，以不失抢攻的机会；③自己发什么球，对方可能以什么技术回击，这些要在发球前做到心中有数。这样，才能较好地做好抢攻的准备。

（二）接发球战术

接发球战术是发球抢攻战术的直接对立面。接发球战术一方面要抑制、扰乱或破坏对方运用发球抢攻的战术，降低发球抢攻的质量，形成相持状态；另一方面要从被动中求主动，通过过渡性接发球技术力争在第 4 板抢先上手，转入对己方有利的战局，同时抓住机会采用接发球抢攻直接得分或设法取得明显的战术优势。接发球战术是各类型打法的选手都必须掌握的战术，主要有主动法、稳健法和相持法。

（三）对攻战术

对攻战术是进攻型选手经常采用的战术。运用正手攻球、反手攻球、反手推挡等技术，攻击对方。常用的方法：①压反手，伺机正手侧身攻；②调右压左，转攻两角或追身；③连压中路，突变攻两角。

（四）推攻战术

推攻战术主要运用正手攻球和反手推挡的速度和力量，并结合落点变化和节奏

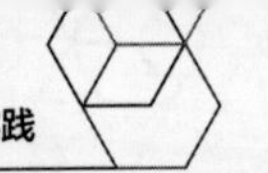

变化压制和调动对方，以争取主动或得分。推攻战术是用左推右攻打法对付攻击型打法的主要战术，具有反手推挡能力的两面攻的运动员和攻削结合的运动员也时常使用它。常用的方法：①左推右攻；②推挡侧身攻；③推挡、侧身攻后，扑正手；④左推结合反手攻；⑤左推、反手攻后，侧身攻；⑥左推、反手攻、侧身攻后，扑正手。

（五）搓攻战术

搓攻战术主要运用“转、低、快、变”的搓球控制对方，以寻找战机，然后采用低突、快点或快拉等技术展开攻势并进入连续攻；在搓球中遇到机会球时进行扣杀，常常带有突然性，往往可以直接得分。搓攻战术是乒乓球各种打法都不可缺少的辅助战术。常用的方法：①正、反手搓球结合正手快拉、快点、突击或扣杀；②正、反手搓球结合反手快拉、快点、突击或扣杀。

（六）削攻战术

削攻战术是利用削球的旋转、节奏、落点变化控制对方的攻势，并为进攻创造机会，达到反击对方目的的一种战术。削攻战术是对付进攻型、弧圈型打法的重要战术，常用的方法：①削转与不转球，伺机反攻；②削长、短球反攻；③削逼两角，伺机反攻；④逢直变斜，逢斜变直，伺机反攻。

四、乒乓球运动竞赛规则

（一）发球

① 发球开始时，球自然地置于不持拍手的手掌上，手掌张开，保持静止。

② 发球时，发球员须用手将球几乎垂直地向上抛起，不得使球旋转，并使球在离开不执拍手的手掌之后上升不少于 16 cm，球下降到被击出前不能碰到任何物体。

③ 当球从抛起的最高点下降时，发球员方可击球，使球首先触及本方台区，然后越过或绕过球网装置，再触及接发球员的台区。双打中，球应先后触及发球员和接发球员的右半区。

④ 从发球开始，到球被击出，球要始终在台面以上和发球员的端线以外，而且不能被发球员或其双打同伴的身体或衣服的任何部分挡住。

⑤ 在运动员发球时，球与球拍接触的一瞬间，球与网柱连线形成的虚拟三角形之内和一定高度的上方不能有任何遮挡物，并且其中一名裁判员要能看清运动员的击球点。

（二）击球

对方发球或还击后，本方运动员必须击球，使球直接越过或绕过球网装置，或触及球网装置后，再触及对方台区。

（三）失分

① 未能合法发球。

② 未能合法还击。

③ 击球后，该球没有触及对方台区而越过对方端线。

④ 阻挡。

⑤ 连击。

⑥ 用不符合规则条款的拍面击球。

⑦ 运动员或运动员穿戴的任何物件使球台移动。

⑧ 运动员或运动员穿戴的任何物件触及球网装置。

⑨ 不执拍手触及比赛台面。

⑩ 双打运动员击球次序错误。

（四）一局比赛

在一局比赛中，先得 11 分的一方为胜方；10 平后，先多得 2 分的一方为胜方。一场单打或双打（男、女双打和混合双打）比赛的淘汰赛采用七局四胜制，团体赛中的一场单打或双打采用五局三胜制。

（五）次序和方位

① 在获得 2 分后，接发球方变为发球方，以此类推，直至双方比分为 10 平（或采用轮换发球法时），发球和接发球次序不变，但每人只轮发 1 分球，直到该局比赛结束。

② 在双打中，每次换发球时，前面的接发球员应成为发球员，前面的发球员的同伴应成为接发球员。

③ 在一局比赛中首先发球的一方，在该场比赛的下一局中应首先接发球，在双打比赛的决胜局中，当一方先得 5 分后，接发球一方必须交换接发球次序。

④ 一局中，在某一方位比赛的一方，在该场比赛的下一局应换到另一方位。在决胜局中，一方先得 5 分时，双方应交换方位。

（六）间歇

① 在局与局之间，有不超过 1 min 的休息。

② 在一场比赛中，双方各有一次不超过 1 min 的暂停。

③ 每局比赛中，每得 6 分球后，或决胜局交换方位时，运动员有短暂的时间擦汗。

（七）竞赛方法

在已经举办的各届奥运会乒乓球比赛中，竞赛方法虽不完全相同，但主要是采用分组预选和单淘汰加附加赛或排名淘汰赛加附加赛的方式。

3.6 网球运动

网球运动是一项在规定的场地内进行的隔网对抗性技能活动，对练习者增强体质、陶冶情操、丰富生活、促进身心健康发展有良好的作用。本节简要介绍网球运动的起源、发展和竞赛规则等，并详细讲解其技术要领、战术要领等。

一、网球运动简介

网球运动历史悠久，早在 13～14 世纪，便盛行于法国、英国的宫廷，被称为皇家网球。1873 年，英国人温菲尔德改进了早期的网球打法，使之成为能在草坪上进行的一项运动，将其取名为“草地网球”，并出版了《草地网球》手册，制定了最早的网球运动规则。温菲尔德因此被人们称为近代网球运动的创始人。1877 年 7 月，在英国的温布尔登举行了第 1 届草地网球比赛，标志着近代网球运动的开始。

网球比赛分男子单打、女子单打、男子双打、女子双打、混合双打、男子团体和女子团体 7 个项目。影响较大、较著名的网球赛事包括温布尔登网球锦标赛、美国网球公开赛、法国网球公开赛、澳大利亚网球公开赛（合称“四大赛”）。凡参加“四大赛”的选手，如有一名（单打）或两名（双打）运动员能在一个年度内赢得这 4 个锦标赛的单打或双打冠军，便被誉为“大满贯得主”。

二、网球运动技术要领

（一）握拍

目前，网球基本的握拍法可分为 3 种：东方式握拍法、西方式握拍法、大陆式握拍法。

1. 东方式握拍法

东方式握拍法分为正手握拍法和反手握拍法。

（1）正手握拍法

握拍手的虎口对正拍柄右上侧棱，手掌根与拍柄右上斜面紧贴，拇指垫握住拍柄的左垂直面，食指稍离中指，食指下关节压住拍柄右垂直面，五指紧握拍柄，如图 3-101 所示。这种握拍法拍面与地面垂直，手握拍柄好像与人握手一样，所以也称握手式握拍法。

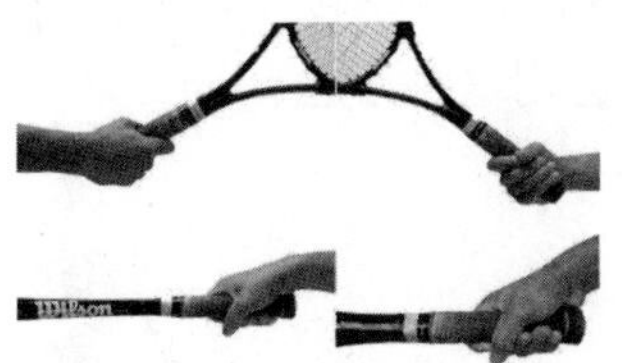

图 3-101　东方式握拍法

（2）反手握拍法

在正手握拍法的基础上把手向左转动 1/4（即转动 90°）或拍柄向右转动 1/4（即转动 90°），虎口对正拍柄左侧棱面。即用手掌根压住拍柄的左上斜面，拇指直贴在拍柄的左垂直面上，食指下关节压住右上斜面。

2. 西方式握拍法

握拍时，球拍面与地面平行，拇指与食指几乎成直角，拇指直伸压住拍上平面，食指下关节握住右上斜面，与拍底平面对齐，手掌从上面握住拍柄，如图 3-102 所示。这

是底线上旋攻击型打法的首选握拍方法。这种握拍法的优点是能击出强有力的上旋球，且稳定性强。但是其技术难度相对较大，初学者较难掌握。

3. 大陆式握拍法

大陆式握拍法的形状像握着锤子的样子，因此又称为握锤式握拍法，如图 3-103 所示。由拇指与食指形成的“V”字形虎口放在拍柄的上平面与左上斜面的交界线上，手掌根部贴住上平面，与拍柄底部平齐，大拇指与食指不分开，食指与其余 3 个手指稍分开，食指下关节紧贴在右上斜面上。这种握拍法的优点是正、反手击球时都不需要转换握拍，简单灵活。但是底线击球时不容易发力，因此是底线的攻击性打法所不适宜采用的握拍方法。

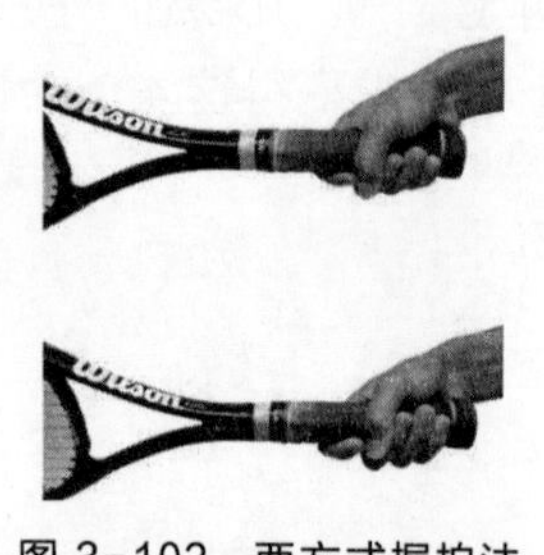

图 3-102　西方式握拍法

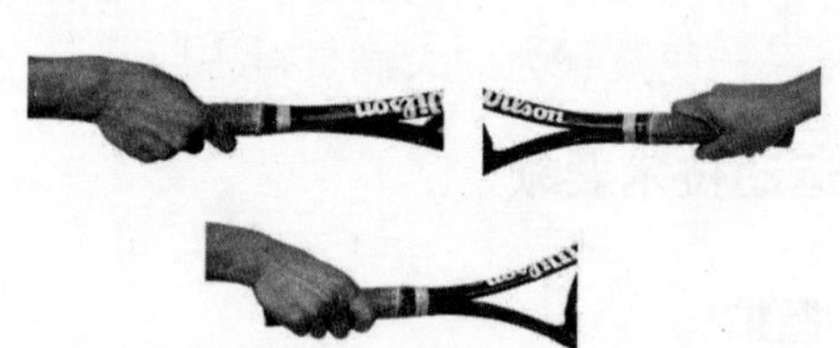

图 3-103　大陆式握拍法

（二）基本步法

网球击球时，其脚步主要采用“关闭式”和“开放式”两种方法。

1.“关闭式”步法

左脚向来球的方向迈出一步，两脚的假想连线与来球的方向平行，如图 3-104 所示。这种步法在底线正反手击球和网前截击中被大量运用。初学者应首先学习这种步法。

2.“开放式”步法

击球时，两脚平行站立，以前脚掌为轴，转胯转体形成击球步法，如图 3-105 所示。运动员通常在有一定技术基础的前提下运用这种步法。

图 3-104　“关闭式”步法

图 3-105　“开放式”步法

（三）发球

发球动作由准备姿势和站位、抛球与后摆动作、挥拍击球和随挥动作 4 个技术环节

组成。下面介绍几种常见的发球方法。

1. 平击发球

平击发球的击球点应在身体的右前上方，击球的后上部，挥拍时“鞭击”动作发力要集中，充分向上伸展身体以获得最高的击球点，提高命中率，如图 3-106 所示。平击发球几乎没有旋转，球差不多笔直地落下，力量大，往往贴着网才能进入场内，在绝大多数场地上球反弹较低，一般用于第一发球，发球成功时有时能直接得分，但平击发球失误率较高。

图 3-106　平击发球

2. 切削发球

切削发球实用且易掌握，适宜初学者学习。它是一种以右侧旋转（稍带上旋）为主的发球法，球抛在右侧前上方，球拍击球部位在球的右侧偏上方，整个挥拍动作是从右侧上方至左下方，使球产生右侧旋转。球的飞行路线是一条从右向左的弧线，可以提高命中率并把对方拉出场外回击，尤其在右区发球。切削发球的准确率高，常用于第二发球。

3. 上旋发球

上旋发球时，抛出球的位置在头后偏左的头上方；拍面的触球点在球的中部偏下方，如图 3-107 所示；击球时身体成弓形，利用杠杆力量对球施加旋转，球拍快速从左向右上方挥动，并从下向上擦击球的背面，使球产生右侧上旋。球的过网点较高，落地急速，球落地后反弹很高。上旋发球难度较大。

图 3-107　上旋发球

（四）接发球

接发球在态势上是被动的，受发球方的制约，并且发球在瞬间千变万化，多数发球都指向接球方软弱的地方，因此，接发球技术是最难掌握的技术之一。

接发球的指导思想：摆脱被动，力争主动，敢于迎接强有力的发球挑战。

接发球的站位，一般位于端线附近，力求在接发球时向前移动击球。同时，保持两脚平行站位，比肩略宽，右手持拍者一般右脚稍前，两膝微屈，上体稍前倾，脚跟提起，将球拍置于体前。

在接发球的全过程中眼睛要始终注视来球，一直到完成还击动作。要观察对手的抛球，这样有利于判断发球的方向和旋转。对方第一次发球时多采用大力发球，站位应偏后一些；如果对方是第二次发球，站位可略向前移，这样有利于采取攻击性的还击。

接大力发球时不要做大幅度的后摆动作，主要是控制好拍面角度，并握紧球拍，以免拍面被震转动。还击来球之前要观察对方的行动，对自己的回球路线和落点要有所考虑。选择好接发球落点，对控制对手发球后抢攻有重要意义。

（五）底线正手击球

1. 正手平击球

后摆引拍时，手腕稍上翘使拍头高于手腕，并引拍至头部高度，如图 3-108 所示。挥拍时手腕相对固定握拍，以减少拍面挥动过程中的变化。击球时拍面与地面保持垂直并以同样拍面继续前挥。击球后，球拍向前挥动于左肩上方自然收拍。正手平击球简单易学，适合初学者使用。

2. 正手上旋击球

正手上旋击球是从网球的后下方向前上方挥拍，整个球体受摩擦，产生一种从后下方朝前上方的旋转，如图 3-109 所示。其特点是飞行弧线高，落地迅速，落地后弹起的反射角度较小，产生较大的前冲力。正手上旋击球适合有一定技术基础、能发力击球的人使用。

图 3-108 正手平击球

图 3-109 正手上旋击球

3. 正手削球

正手削球指以底线正手切削方法击出下旋球的技术动作。后摆引拍时，直线将球拍引至身体后侧，动作较小，如图 3-110 所示。挥拍时手腕固定握拍，使拍面斜向地面稳定前挥。击球时用斜向地面的拍面以切削动作在身体侧前方击球。击球后球拍随球前送，并在身体前方以左手扶拍结束动作。

图 3-110 正手削球

（六）底线反手击球

1. 反手平击球

反手平击球的特点是球速快，球的飞行路线比较平直，球落地后的前冲力量大。其动作方法：后摆引拍时右脚向左侧前方跨出并用力踏地，屈膝降低重心。击球时手腕绷紧，使球拍与地面垂直。然后，从后向前上方比较平缓地挥拍击球，同时左臂自然展开留在身后，保持身体的平衡。击球后，球拍应随着惯性挥至右肩上方，

持拍手臂挥直。

2. 反手下旋球

反手下旋球又称为反手削球，一般是防御性的。削球时挥拍不要过于用力，击球后拍面向上做托盘状运动，如图 3-111 所示。击球后，不要急于把球拍提拉起来，应该让球拍平稳向前运动一段距离。反手下旋球的好处是击出的球向下旋转，飘向对方场区后回弹高度较低，落地后还可向前滑行。这种击球方法较为简单易学，且比较安全，适合于初学者使用。

图 3-111　反手下旋球

3. 双手反手击球

双手反手击球由于双手握拍，拍面容易稳定，初学者易于学习和掌握。双手反手击球的准备姿势与单手反手击球相同，左手在转肩引拍的同时，顺着拍柄下滑至双手相接，形成双手反手握拍，引拍尽量向后，转动上体，使右肩前探侧身对网，手腕固定球拍稍稍低于击球点，右脚向左前方跨一步，重心落在左脚上，球拍由低到高向前挥出，击球点同腰高，比单手反手击球点略靠后，重心前移，随上体移动将球拍充分挥向右前上方，拍头朝上，如图 3-112 所示，然后迅速回到准备姿势。

图 3-112　双手反手击球

（七）截击球

截击球指凌空击对方来球的技术动作，即球在落地之前将来球击回对方场区，可以在网前截击，也可以在场内任何地方截击空中球。截击球以网前截击为主。截击球的特点是缩短击球距离，扩大击球的角度，加快回球速度，在网球比赛中成为一种主要打法和进攻手段。

1. 正手截击球

后摆引拍时，右脚立即向右前方跨出，同时转肩，带动球拍向后引，拍头要高于握拍手，绷紧手腕，握紧球拍，如图 3-113 所示。截击球的动作有点像挡击或撞击，在拍

面短促向前撞击的同时微微向下做切削球的动作，击球时保持拍头上翘，拍面稍向后仰。击球后有一个小幅度向前的随挥动作，随挥过程仍紧握拍。

图 3-113　正手截击球

2. 反手截击球

对大多数人来说，反手截击球比正手截击球更容易，因为它更符合人体解剖学肌肉用力的结构特点。其技术要点如图 3-114 所示，后摆引拍时，右脚立即向左前方跨出，左手扶拍手向后拉拍，同时转肩，做短距离后摆引拍动作，拍头高于握拍手，眼睛注视来球。挥拍击球时，左手松开稍后伸，右手握紧球拍前挥并在身体前方切削来球。向前挥拍时，两只手的动作好像在拉长一根橡皮筋，以保持身体平衡。

图 3-114　反手截击球

三、网球运动战术要领

（一）单打战术

1. 变换发球的位置

球员可以通过改变发球的位置获取得分机会，因为这种战术迫使对手必须从不同角度判断不同旋转的球，回球的难度比较大，容易失分。

2. 发球上网战术

发球上网是利用发球的力量进行主动进攻，先发制人，然后上网抢攻的一项主要战术。它是上网型选手在比赛中的主要得分手段。

3. 接发球破网战术

接发球破网战术是在对付发球后直接冲到网前的对手时挑出有深度的高球，是相当有效的破网方法。

4. 攻击对方反手

由于绝大部分球员的反手是比较弱的，因此采用攻击对方反手战术，加大力量攻击

对方反手，迫使对方逐步离开场区的位置，即可掌握比赛主动权。

5. 不上网战术

不上网战术指发球或接发球之后，如果自己不上网，应该把对方也控制在端线后面，使对手也难以找到得分的机会。在一次较长的端线来回球中，谁耐不住性子，谁就有可能因失误而失分。

（二）双打战术

1. 发球上网抢网战术

在双打比赛中运用发球上网抢网战术时，首先强调队友之间的默契，网前队员在背后做手势，告诉发球员应发什么落点，抢与不抢；采取此战术可以干扰对方接发球，为发上网前得分及抢网得分创造条件。其次强调发球员的发球质量、成功率和落点的变化。

2. 澳大利亚网前战术

澳大利亚网前战术的特别之处是发球方的一名队员以低姿势在网前的中央准备截击。这样能给接发方造成很大的压力，破坏对方接发球的节奏，为发球上网截击和抢网创造有利条件。运用这一战术时，要求队友间沟通好发球落点和抢与不抢，另外第一发球成功率要高，这样才能有良好的战术效果。

四、网球运动竞赛规则

网球比赛参赛选手数量要求：男、女单打各 64 名，男、女双打各 32 对。为了避免高水平球员的过早相遇，按照世界排名，单打前 16 位和双打前 8 位的球员及组合被列为种子选手，抽签时提前分开，同时来自同一国家或地区的选手也要分到不同的半区。

比赛采取单淘汰赛制，每轮只有获胜者才能进入下一轮比赛。除了男子单打决赛采用五盘三胜制，其他所有比赛均采用三盘两胜制。此外，在男子单打的第五盘及其他比赛的第三盘，即决胜盘的比赛中，球员只有净胜两局才能赢得该盘比赛（长盘制），其他每盘比赛都采用平局决胜制（抢七局）。

3.7 羽毛球运动

羽毛球是一项室内、室外都可以进行的体育运动，依据参与的人数，可以分为单打与双打，及新兴的 3 打 3。本节简要介绍羽毛球运动的起源、发展和竞赛规则等，并详细讲解其技术要领、战术要领等。

一、羽毛球运动简介

一般认为现代羽毛球运动源于英国。相传，1873 年，英格兰格拉斯哥郡的伯明顿镇，在鲍费特公爵举办的一次社交聚会上，有位退役军官向大家介绍了一种隔网来回打毽球的游戏。游戏趣味横生、引人入胜，此后，这项游戏活动便不胫而走，并逐步发展成为当今人们所熟悉和喜爱的羽毛球运动。伯明顿庄园的英文名称 Badminton 也成了羽毛球的英文名称。

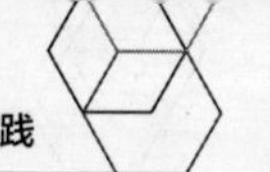

1934 年，国际羽毛球联合会成立，通过了第一部国际公认的羽毛球竞赛规则。

1988 年，在第 24 届汉城奥运会上，羽毛球运动被国际奥委会列为表演项目。1989 年 5 月，在印度尼西亚雅加达举办了首届苏迪曼杯羽毛球大赛。1992 年，在第 25 届巴塞罗那奥运会上，羽毛球被正式列为比赛项目，设男、女单打和男、女双打 4 个项目。1996 年，第 26 届亚特兰大奥运会又增设了男女混合双打。从此，羽毛球运动进入了新的发展阶段。

二、羽毛球运动技术要领

（一）握拍

羽毛球的握拍一般分为正手握拍法和反手握拍法。

1. 正手握拍法

右手虎口对准拍柄窄面内侧斜棱，小指、无名指、中指自然并拢，食指和中指稍分开，大拇指的内侧和食指贴在拍柄的两个宽面上将球拍柄握住，如图 3-115 所示。握拍时掌心不要贴紧拍柄，要使掌心与拍柄保持一定的空隙。

2. 反手握拍法

在正手握拍的基础上，将大拇指伸直用其第一指节内侧顶贴在拍柄内侧的宽面上，食指收回，与拇指同（或略）高，用大拇指和食指将球拍稍向外转，中指、无名指、小指紧握拍柄，拍柄端靠近小指根部，如图 3-116 所示。握拍手心与拍柄之间留有空隙，以便能充分利用手腕力量和大拇指的内侧压力击球。

图 3-115　正手握拍

图 3-116　反手握拍

（二）发球

羽毛球运动的发球技术，按其动作分为正手发球和反手发球两种。按球在空中飞行的弧线可分为网前球、平快球、平高球和高远球 4 种，如图 3-117 所示。

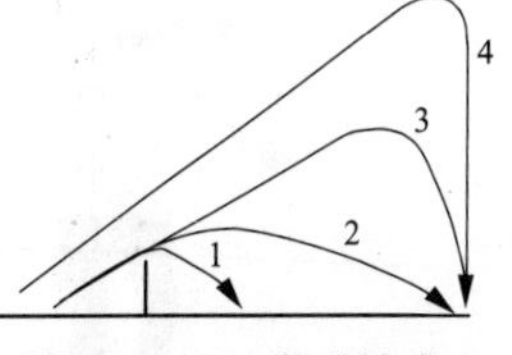

图 3-117　发球技术

注：1—网前球，2—平快球，3—平高球，4—高远球。

1. 正手发高远球

高远球指把球发得又高又远，使球飞行到对方底线上空时，几乎垂直下落。

发球时，重心由后脚前移至前脚，带动转腰，同时右手持拍沿着从下而上的弧线自然地沿着身体向前上方挥摆，如图 3-118 所示。球拍触球前刹那，小臂带动手腕向前上方闪动发力，手紧握拍柄，利用手腕、手指爆发力及拍面的前半部击球。击球瞬间，拍面正对出球方向，击球点在发球员的右前下方。出球飞行弧度与地面仰角一般大于 45°。

2．正手发网前球

正手发网前球是把球发至对方发球区内前发球线附近。球的飞行速度较慢，飞行弧度较低，球“贴网”而过。它是双打比赛最常用的发球方法，在单打比赛中，用于对付接网前球较差的对手，有时也可以作为过渡性的发球，或发球抢攻战术的手段。在发球时，挥拍幅度较小，击球瞬间无须紧握拍柄，而是利用手腕和手指的力量从右向左横切推送，将球轻轻发出，如图 3-119 所示，球贴网而过。

图 3-118 正手发高远球

图 3-119 正手发网前球

3. 正手发平快球

正手发平快球又称发平球，是把球发得又平又快，使球快速落在对方场内端线附近。平快球突袭性强，往往能使对手措手不及而造成被动或失误。准备姿势同发高远球的准备姿势，站位稍靠后些。击球瞬间紧握球拍柄，利用小臂挥动力量带动手腕、手指力量快速向前击球，球的飞行路线与地面形成的仰角小于 30°。

4. 反手发网前球

准备击球时手腕内屈，击球瞬间利用小臂带动手腕、手指力量向前横切推送，将球击出，如图 3-120 所示。发球时，挥拍较慢，力量较轻，球的落点近网，当球“贴”网而过后即往下坠落在对方发球区内前发球线附近。

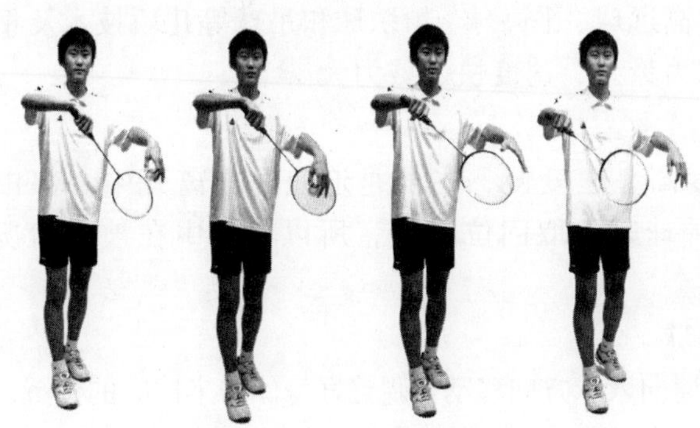

图 3-120 反手发网前球

（三）接发球

单打站位一般是在离发球线 1.5 m 处，站在右发球区靠近中线的位置，在左发球区则站在中间的位置。双打发球多以发网前球为主，所以双打的接发球站位要在靠近前发球线的地方。

接发球

1. 接平高/高远球

接平高/高远球时可以用平高球、吊球或扣杀球进行回击，如图 3-121 所示。一般来说，接高远球是一次进攻的机会，回击得好就能掌握主动权。因此，初学羽毛球者必须努力提高后场进攻的能力。

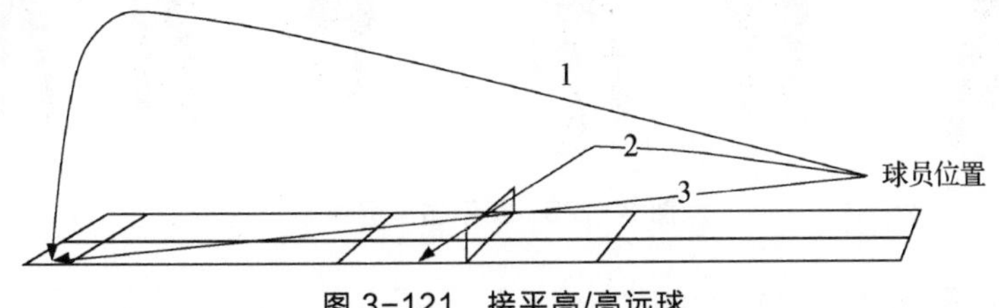

图 3-121 接平高/高远球

注：1—平高球，2—吊球，3—扣杀球。

2. 接网前球

接网前球时可以用平高球、高远球、放网前球、平球进行回击，如图 3-122 所示。如果对方发球的质量不高，或球离网顶较高过网，则可采用扑球进攻。若对方企图发球抢攻，而自己防守能力较差，则以放网前球或平推球为宜，落点要远离对方站位，控制住球，不让对方进攻。

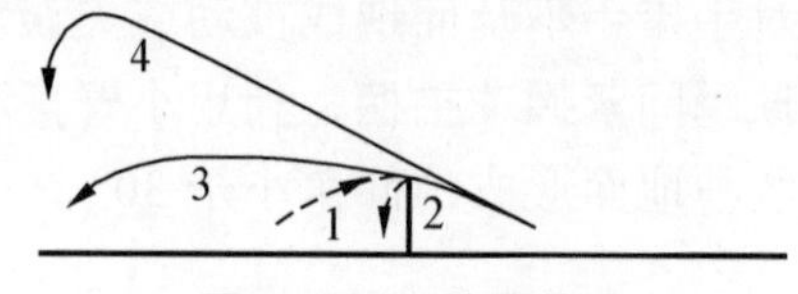

图 3-122　接网前球

注：1—发网前球，2—网前球，3—平球，4—平高/高远球。

（四）后场击球

后场击球主要由高远球、平高球、扣杀球和吊球等几项技术及相应的后退步法组成。其特点是击球点高、力量大、速度快、威力大。

1. 高远球

高远球飞行弧度高、速度慢，主要是迫使对方离开中心部位去击球；或当自己位置错乱时，击这种球来争取回位时间，所以比赛中在被动情况下常采用这种球进行过渡。

（1）正手击高远球

用后场退步法迅速向来球方向移动，调整好身体与来球间的位置，使球恰好在右肩稍前方上空。当球落到一定的高度时，右手肘上抬，手臂后倒引拍，以肩为轴做回环动作，同时身体左转，前臂充分向后下方摆动并外旋，手腕充分伸展，如图 3-123 所示。击球时，前臂迅速内旋带动手腕加速向前方挥动，手腕屈，收手指屈指发力，将球击出。

AR
启动增强现实动画

图 3-123　正手击高远球

（2）反手击高远球

准备击球前，右脚在前（先不着地，在击球动作完成的瞬间着地），身体背向球网，持拍臂向上抬举，身体稍向左转，含胸收腹，左腿微屈，同时手臂回环内旋引拍，握拍手尽量放松，手腕稍向外展，如图 3-124 所示。当球下落至右肩前上方一定高度时，以上臂、前臂迅速外旋带动手腕加速，由左下方经胸前向右前上挥动。击球时手腕由伸展至屈收快速屈指发力，用反拍面将球击出。

图 3-124　反手击高远球

2．平高球

击平高球与击高远球一样，也可分为正手、头顶和反手 3 种击球技术，是一种进攻性的击球技术。其技术动作与击高远球基本相同，所不同的是引拍、击球动作较高远球小而快，击球的瞬间运用前臂内旋带动手腕，向前快速发力击球。

3．扣杀球

扣杀球从动作结构上可分为重杀、点杀、劈杀；从击球点距身体的位置可分为正手扣杀球、头顶扣杀球和反手扣杀球 3 种。而正手扣杀球是各种扣杀球的基础，初学者必须首先掌握好这一扣杀技术。

正手扣杀球如图 3-125 所示，准备姿势、击球动作与正手击高球大致相同，不同的是在击球瞬间需用全力，充分利用右腿的蹬力、腰腹力、手臂腕力及重心的转移，快速将球向前下方击出。球拍触球时拍面前倾向前下方用力，手握紧球拍，击球点在右肩稍前上方。

图 3-125　正手扣杀球

在实战中，扣杀球必须同其他各项进攻技术有机地结合起来，如盲目地进行单一的大力扣杀，往往不能争取主动，反而常常使自己陷入被动。

4. 吊球

吊球技术按球的飞行弧线和击球动作的不同分为劈吊、轻吊和拦截吊。其准备姿势与击高球、扣杀球相似，只是击球时用力不同。击球瞬间前臂突然减速，快速“闪”动手腕击球托的偏右侧（头顶吊球及反手吊球击球托的偏左侧）。打对角吊球时，当对方来球较高时，手腕向下切削的角度要大些，力量稍大些；当对方来球较平时，手腕向前推的动作要大些，向下切削的力量要小些。吊直线球时，拍面正对前方，向前下压。

不论劈吊还是轻吊，都要注意手腕灵活闪动，即注意爆发力的运用，同时还要注意掌握好击球点和控制好击球力量，将球吊准。拦截吊和假动作配合运用具有一定的威力，拦截对方击来的半场球或弧线较低的平高球能出其不意地达到进攻的效果。

（五）前场击球

前场击球包括网前的放、搓、推、勾、扑、挑球等，因球飞行距离较短，落地快，常使对手措手不及而直接得分。即使不能直接得分，也能迫使对方被动回球，创造下一拍的机会。现介绍几种常用的前场击球技术。

1. 放网前球

（1）正手放网前球

准确判断来球路线和落点，跨步上网，最后一步右脚在前左脚在后成弓箭步，上体前倾重心在右脚，侧身对网，如图 3-126 所示。右手正手握拍向前下方伸臂，小臂外旋展腕，左臂自然后伸，起平衡作用，拍面几乎朝上迎击来球。击球瞬间，手腕稍内屈轻轻闪动，食指和大拇指控制拍面角度和用力大小，球拍向前上方轻轻一托，把球轻击送过球网。

图 3-126　正手放网前球

（2）反手放网前球

快速向前左侧上网，右脚前跨成弓箭步，侧背对网，上体前倾重心在右脚。右手反手握拍向前下方伸臂，小臂内旋展腕，左臂自然后伸，起平衡作用，拍面几乎朝上迎击来球。击球瞬间，伸腕轻闪动，食指和拇指控制拍面角度和用力大小，球拍向前上方轻轻一托，把球轻击送过球网。

2. 搓球

网前搓球是羽毛球技术中动作较细腻的一种，是网前技术中的高难度击球动作。

（1）正手搓球

用正手上网步法迅速向来球方向移动，当右脚向前跨出时，持拍手向来球方向伸出，争取高击球点。左手于身后拉举与右手对称，以保持身体的平衡。正手搓球有两种击球

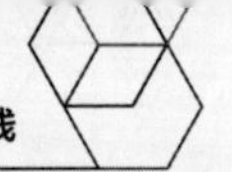

方式：一种是手腕动作由展腕至收腕发力，由右向左以斜拍面切击球托的右后侧部位，此时球呈下旋翻滚过网；另一种是手腕动作由收腕至展腕发力，由左向右以斜拍面切击球托的左后侧部位，球则呈上旋翻滚过网。

（2）反手搓球

用反手上网步法迅速向来球方向移动，其余动作与正手搓球相同，如图 3-127 所示。反手搓球有两种击球方式：一种是手腕动作由展腕至收腕发力，由左至右切击球托左后侧部位；另一种是手腕动作由收腕至展腕发力，由右向左切击球托的右后侧部位。

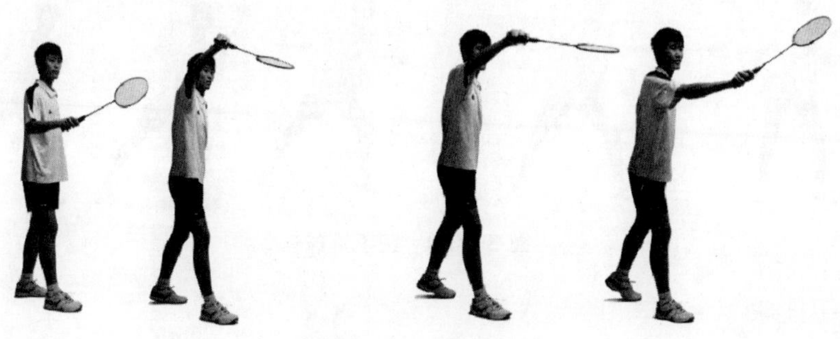

图 3-127　反手搓球

3. 扑球

扑球是在对方回球刚越过网顶上空时，运用跨步或蹬跳步迅速上前，利用前臂、手腕和手指的力量，快速地由高向下将球击回对方场区的击球方法。

（1）正手扑球

对方来球距网较高时，快速跨步上网，身体向右前倾，手臂充分伸展，同时迅速变换握拍手法，使拍面与球网平行正对来球，如图 3-128 所示。击球时，主要利用中指、无名指、小指突然紧握拍柄和手腕闪动，将球向前下方击出。击球后，随前动作甚微，右脚落地制动。

图 3-128　正手扑球

（2）反手扑球

反手握拍于左侧前，当身体向左侧前方跃起时，持拍手小臂前伸上举，手腕外展，拍面正对来球。击球时，手臂伸直，手腕由外展到内收闪动，手握紧拍柄，拇指顶压，加速挥拍扑击球。击球后即刻屈肘，球拍回收，以免球拍触网违例。

4. 挑球

挑球指将对方击来的网前区域低手位的球以较高的弧线向上击至对方端线附近上空。它是在被动情况下运用的一种过渡球。

（1）正手挑球

右脚向网前跨出一大步，左脚在后，侧身向网，重心在右脚上。同时右臂向后摆，自然伸腕，使球拍后引。以肘关节为轴，屈臂内旋，并捏紧球拍。用食指及手腕的力量，从右下向右前方至左上方挥拍击球，将球向前上方击出，如图 3-129 所示。

图 3-129　正手挑球

（2）反手挑球

右脚跨步向前成弓箭步，重心在右脚，侧身背对网。反手握拍，手臂向左前方伸出，小臂内旋屈肘屈腕，左臂自然后伸起平衡作用。击球时，以肘关节为轴，小臂带动手腕、手指快速由左下方向前上方成半圆形挥拍击球，如图 3-130 所示。

图 3-130　反手挑球

（六）中场击球

中场击球技术主要包括接杀球、平抽球、平挡球技术，要求判断反应快，出手击球快，引拍预摆动作弧度小，由防转攻或由攻转防的意识强。

1. 接杀球

把对方扣杀过来的球还击回去，称为接杀球。接杀球主要由挡网前、挑后场和平抽球 3 种技术组成。

接杀球的站位一般在中场，两脚屈膝平行站立。右侧来球用正手挡，身体重心移向右脚。右手向右侧伸出，放松握拍，拍面略后仰对准来球。左侧来球用反手挡，身体重心移向左脚，右脚向左前方跨出一步，换成反手握拍，拍面略向后仰对准来球回击。

2. 平抽球

平抽球指击球点在肩以下，以较平的弧度、较快的球速、接近球网的高度，还击到对

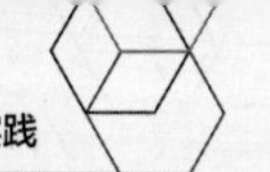

方场区的一种进攻性技术。击球时，应借助腰部的转体带动前臂、手腕和手指的力量快速、协调地发力。击球点尽可能地在身体的侧前方，这样有利于转动腰部和前臂旋内、旋外地发力。如果来球正对自己而又来不及闪让时，一般不要用正手击球。因为当来球靠近自己身体时，即使击球点在自己右侧腋下，反手也比正手容易发力还击。

3．平挡球

平挡球和平抽球的动作结构基本相同，其区别主要在于：发力较小，通常无须身体部位发力，当对方来球力量较大时，还应有所缓冲；通常击球时不要握紧球拍，以免影响击球时对力量和出球方向的精确控制；羽毛球的飞行路线较短，一般落在对方前半场。

（七）基本步法

羽毛球的步法一般分为起动、移动、到位配合击球和回位 4 个环节。根据场上移动的方向和场区的位置，可以将羽毛球的步法划分为上网步法、后退步法和两侧移动步法。

1．上网步法

从中心位置移动到网前击球的步法，称为上网步法。上网步法可根据各人习惯采用交叉步、并步、垫步或蹬跨步。不论正手或反手，根据来球远近，上网步法可采用三步、两步或一步上网击球。

（1）右边上网步法

可采用两步或三步交叉步加蹬跨步移动的方法，如图 3-131 所示，也可采用垫一步再跨一大步移动的方法上网。

（2）左边上网步法

左边上网步法与右边上网步法相同，只是移动上网是朝左边网前，如两步跨步上网，如图 3-132 所示。

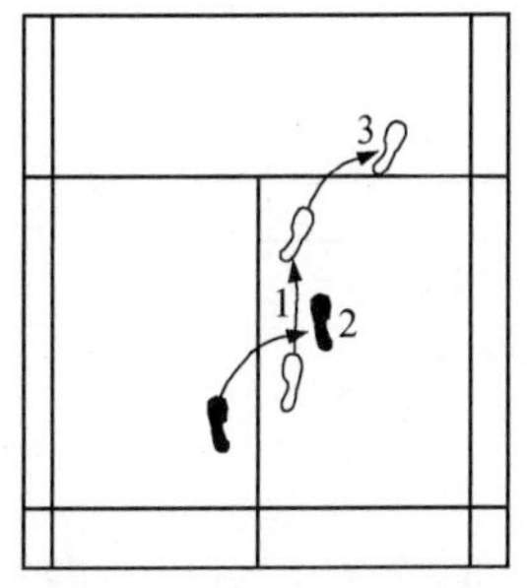

图 3-131　右边上网步法

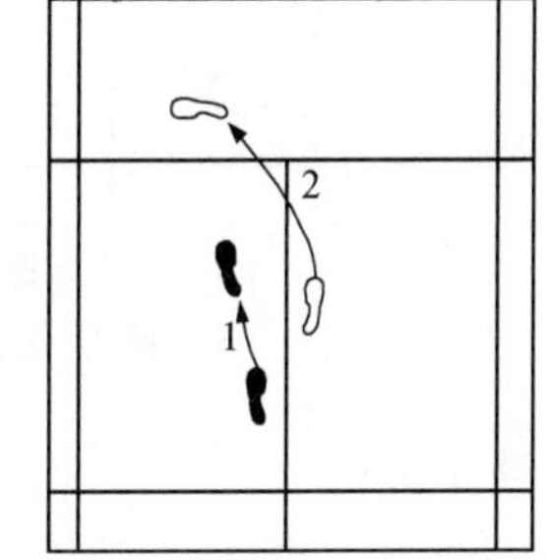

图 3-132　左边上网步法

2．后退步法

从中心移动到后场各个击球点的位置上击球的步法，称为后退步法。

（1）正手击球后退步法

正手击球后退步法分为侧身并步后退和交叉步后退两种，如图 3-133 所示。主要动作方法：在对方击球刹那间，判断来球，迅速调整重心至右脚。接着右脚蹬地快速向右后撤一小步，上体右转侧身对网，以交叉步或并步移动到接近击球点的位置。在移动的同时必须完成举拍准备动作，最后一步利用右脚（或双脚）蹬地起跳并在空中转体，击球后左脚后撤落地缓冲，右脚前跨以利于迅速回动。

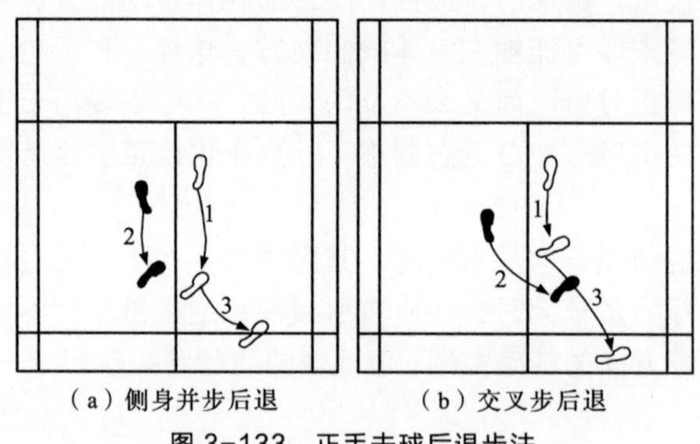

（a）侧身并步后退　（b）交叉步后退

图 3-133　正手击球后退步法

（2）反手击球后退步法

反手击球后退步法如图 3-134 所示，调整重心后，右脚后撤一步，接着上体左转，左脚随即向左后退一步，右脚再跨出一步，背对网，做底线反手击球。反手击球后退步法应根据来球距离的远近调整步法。如距离来球较近，可采用两步后退步法，上体向左后转，左脚同时后撤一步，右脚再向左后跨一步，做底线反手击球。如距离来球较远，则采用三步或五步后退步法：右脚先垫一步，而后左脚向后方跨一步，再按右、左、右向后退。但无论是几步，反手击球后退步法最后一步应右脚在后，重心在右脚上。

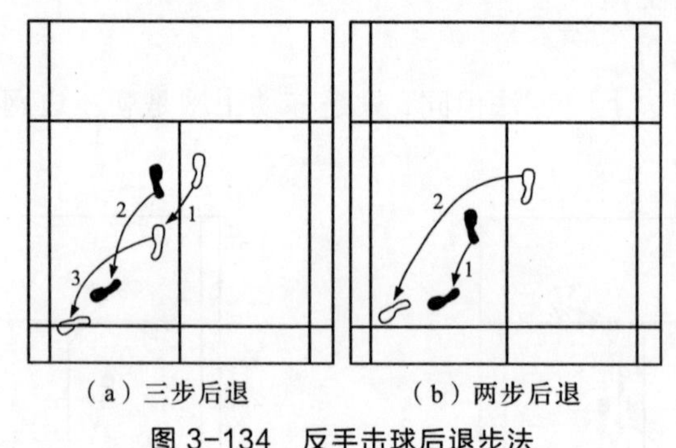

（a）三步后退　（b）两步后退

图 3-134　反手击球后退步法

3．两侧移动步法

两侧移动步法多用于接对方的杀球和击来的半场低平球。其站位和准备姿势与上网步法基本相同。

（1）向右侧移动步法

两脚左右开立，脚跟稍提起，根据来球，调整重心，上体稍倒向左侧，左脚掌内侧用力起蹬，右脚同时向右侧转跨大步。如距离来球较远，左脚向右垫一小步再起蹬，右脚同时向右侧转跨大步。

（2）向左侧移动步法

根据来球，调整重心，上体稍倒向右侧，右脚掌内侧用力起蹬，左脚同时向左侧转跨大步。如距离来球较远，左脚先向左侧移半步，上体向左转身的同时右脚向左前交叉跨大步。

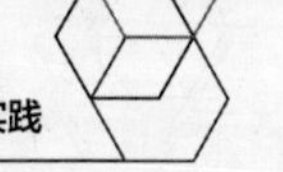

三、羽毛球运动战术要领

（一）单打战术

1. 发球抢攻战术

发球抢攻战术是运动员利用发球使对方被动，为自己创造进攻的一种战术。这种战术一般用发网前球结合平快球、平高球，争取第三拍的主动进攻。运动员使用这一战术，可以打乱对方的整个战略部署，造成对方措手不及。运用此战术时，要求运动员具有高质量的发球，否则难以成功。

2. 攻前击后战术

攻前击后战术是先以吊球、放网前球、搓球吸引对方到网前，然后用推球、平高球或杀球突击对方的后场底线，一般用于对付上网步法较慢或网前球技术较差的对手。采用此战术，要求运动员首先具有较好的网前击球技术。

3. 打四方球战术

打四方球战术是以快速、准确的落点攻击对方场区的 4 个角落，逼迫对方前后奔跑、被动应付，并在回球质量下降或露出破绽时乘虚而攻之。它用于对付体力差、反应和步法移动慢的对手。

4. 打对角线战术

打对角线战术无论是进攻还是防守均以打对角线为主，从而迫使对方在移动中多做转体、多走曲线。它用于对付身体灵活性差、转体较慢的对手。

（二）双打战术

1. 攻人战术

攻人战术是双打比赛常用的一种战术。攻人战术，即“二打一”或避强击弱战术。对方两个队员的技术水平一般是不均衡的，集中力量攻击对方较弱的队员，尽量使对方的特长得不到发挥，充分暴露对方的弱点，是此战术的目的。两个人对付对方的强者，消耗其体力，减弱其进攻威力，伺机突击空当，这也是“二打一”。

2. 攻中路战术

当对方队员分边站位时，要尽可能将球攻到对方两人之间的空隙区，以造成对方争夺回击或相互让球而出现失误。这对于一些配合较差的对手，较行之有效。当对方成前后站位时，将球还击到两人之间靠边线的位置上。

3. 软硬兼施战术

软硬兼施战术先用吊网前球或推半场球迫使对方被动防守，而后大力扣杀进攻。若硬攻不下，则重吊网前球，待对方挑球欠佳时，再度强攻。此时，攻击对象最好是对方刚后退而立足未稳者。

4. 后压前封战术

当本方取得主动欲采取攻势时，站在后场者见高球则强攻杀或吊网前球，迫使对方被动还击；站在前场者则应立即积极移位，准备封网扑杀。这种战术要求打法比较积极，前半场技术要好，步法移动要快，配合要默契。

四、羽毛球运动竞赛规则

（一）挑边

赛前，采用挑边的方法（抛硬币）来决定发球方和场区。挑边赢者将优先选择发球或接发球，以及在一个半场区或另一个半场区比赛；输者在余下的一项中选择。

（二）计分方法

羽毛球世界联合会（简称“世界羽联”）于 2006 年 5 月在日本东京举行的年度代表大会上，正式决定实行 21 分的新赛制。这一赛制成为所有羽毛球国际大赛的通用赛制。21 分的赛制对于提高运动员的积极性、减少运动员受伤及电视转播等方面较 15 分制有更大的优势。

世界羽联 21 分制实行每球得分制，所有单项的每局获胜分皆为 21 分，最高不超过 30 分。每场比赛采取三局两胜制，先到 21 分的一方赢得当局比赛；当双方比分为 20∶20 时，获胜一方需超过对手 2 分才算取胜；直至双方比分打成 29∶29 时，则先到第 30 分的一方获胜。首局获胜一方在接下来的一局比赛中先发球。

（三）站位方式

1. 单打

当发球方的分数为 0 或偶数时，双方运动员均在各自的右发球区发球或接发球；当发球方的分数为奇数时，双方运动员均在各自的左发球区发球或接发球。

2. 双打

比赛中，当比分为 0 或偶数时，球由右发球区对角发向对方场地的右接发球区；当比分为奇数时，球由左发球区对角发向对方场地的左接发球区。比赛中，当一方连续得分时，发球者必须在右或左发球区交替发球，而接发球方队员的位置不变。其他情况下，选手应站在上一回合的各自发球区不变，以此保证发球者的交替。

双打比赛无论是在开始还是在赛中，皆为单发球权，也就是说每次一方只有一次发球权。发球方失误不仅丢失发球权也将丢失 1 分，如果这时得发球权的一方得分为奇数，则必须是位于左发球区的选手发球，如果此时得发球权的一方得分为偶数，则必须是位于右发球区的选手发球。

双打比赛只有接发球队员才能接发球，若其同伴接发球或被球触及则“违例”，判发球方得分，当发球被回击后，球可由二人中任意一人击回，不得连击，如此往返直至死球。双打比赛发球时，发球队员和接发球队员必须站在规定的发球区和接发球区内发球和接发球，他们的同伴站位可以不受限制，但不得妨碍对方。运动员发球和接发球顺序有误，已得比分有效，纠正方位或顺序。

（四）赛中间歇方式

每场比赛均采用三局两胜制。当任意一方在比赛中得到 11 分后，比赛将间歇 1 min；两局比赛之间的间歇时间为 2 min。

（五）比赛中常见的违例

① 过手违例：发球时，在击球的瞬间，发球员的拍杆应指向下方；否则，将判违例。

② 过腰违例：发球时，在击球的瞬间，整个球应低于发球员的腰部；否则，将判违例。

③ 挥拍有停顿：发球开始后，挥拍动作不连贯，将判违例。

④ 脚移动、触线或不在发球区内：自发球开始至发球结束，发球员或接发球员的两脚都必须有一部分与球场地面接触，不得移动，且都必须站在斜对面的发球区内，脚不得触及发球区或接发球区的界线；否则，将判违例。

⑤ 最初击球点不在球托上或发球时未能击中球，将判违例。最初击球点不在球托上指发球时，球拍先触及羽毛或同时击中羽毛和球托。

⑥ 发球时，球没有落在规定的接发球区内，如发出的球没有落于对角的场区内或不过网，或挂在网上、停在网顶等，将判违例。球从网下或网孔穿过，触及天花板或触及运动员的身体或衣服，将判违例。

⑦ 球触及球场或其他物体或人，将判违例。击球点超过网的向上延伸面，即在对方场区上空击球，将判违例。

⑧ 运动员的球拍从网上、网下侵入对方场区导致妨碍对方或分散对方注意力或妨碍对方、阻挡对方靠近球网的合法击球，将判违例。

⑨ 同一运动员连续两次挥拍击中球，或双打的同方两名队员连续各击中球一次，将判违例。

⑩ 球停在球拍上，紧接着被拖带抛出，将判违例。

⑪ 运动员严重违反或屡次违反比赛的连续性的规定或运动员行为不端，如擅自离开比赛场地喝水、擦汗、换球拍、接受场外指导等，或故意破坏羽毛球、举止无礼等，将判违例。

（六）重发球

① 重发球时，原回合无效，由原发球员重新发球。

② 除发球外，球过网后，挂在网上或停在网顶，判重发球。

③ 发球时，发球方和接发球方同时被判违例，判重发球。

④ 发球方在接发球方未做好准备时，将球发出，判重发球。

⑤ 球在飞行时，球托与球的其他部分完全分离，判重发球。

⑥ 裁判员对该回合不能做出判决时，判重发球。

⑦ 出现意外情况，判重发球。

（七）交换场区

① 第一局比赛结束时，双方应交换场地。

② 若局数为 1∶1，则在第三局比赛开始前，双方应交换场地。

③ 在第三局比赛中，领先一方得分达到 11 分时，双方应交换场地。

④ 若应交换场地而未交换，一旦发现应立即交换，已得分数有效。

3.8 瑜伽运动

瑜伽中的所有姿势、冥想都是呼吸贯穿始终。只有通过呼吸才能充分感受到身体的拉伸、挤压、扭转。本节主要介绍瑜伽的练习要求、呼吸法和基本姿势等。

一、瑜伽的练习要求

1. 时间

对专业瑜伽练习者而言，清晨 6 点前后是练习瑜伽的最佳时刻，此时周围万籁俱寂，空气纯净，肠胃活动基本停止，大脑尚未活跃起来，容易进入瑜伽的深层练习状态。一般而言，饭后 3～4 小时，饮用流体后间隔半小时以上练习瑜伽为佳，即只要保证空腹的状态，一天中的任何时间都可以练习瑜伽。

2. 地点

室内练习：空气清新、流通，环境干净、舒适，空间能保证练习者充分地伸展身体。

室外练习：可以选择露天的自然环境，如花园、草坪、森林等。要避免在大风、寒冷天气的室外或有污染的空气中练习瑜伽，也不要在太阳直射下练习（黎明除外，因为黎明时光线柔和，有益于健康）。

3. 服装

练习瑜伽时应穿着宽松柔软的衣服，保证面料透气，练习时肌体不受拘束，衣服的材质以棉麻质地为佳。裤子最好是有抽绳的，可调节松紧。练习瑜伽时，鞋、袜（天冷时脚部须注意保暖）、手表、眼镜及其他饰物等都应除下。

4. 用具

练习瑜伽应使用专业的瑜伽垫，不宜在过硬的地板或太软的床上直接练习，还可以使用一些道具来辅助练习某些姿式，如瑜伽砖、瑜伽绳等。

5. 其他

练习瑜伽后 20min 内不宜沐浴，沐浴后 20 分钟内和长时间的太阳浴后也不宜练习瑜伽。但在练习瑜伽前 1h 左右洗冷水澡，可以使练习效果更好。

练习瑜伽时，可以少量饮用清水，帮助排出体内毒素。练习瑜伽结束 1h 后再摄取食物，但应避免食用油腻、辛辣或导致胃酸过多的食品。

在练习瑜伽时要根据自己的实际情况温和地伸展身体，不可用力推拉牵扯。如果在练习过程中出现体力不支或身体颤抖，不可过度坚持，应即刻收功还原。

二、瑜伽的呼吸法

采用正确的呼吸方法能使身体和心灵得到放松，对身心健康有明显的裨益。瑜伽呼吸方法主要有以下 3 种。

1. 胸式呼吸法

慢慢吸气时，把气体吸入胸部区域，胸骨、肋骨向外扩张，腹部应保持平坦。当吸气量加深时，腹部会朝脊椎方向收紧。呼气时，缓慢地把肺内浊气排出体外，肋骨和胸部恢复原位。

2. 腹式呼吸法

腹肌放松，吸气时，通过鼻子缓慢深长地吸气入肺的底部，随着吸气量的加深，胸部和腹部之间的横膈膜下降，腹内脏器官下移，将空气压入腹部底层，小腹慢慢隆起。呼气时，腹部向内、朝脊椎方向收紧，横膈膜升起，把肺内的浊气完全排出体外，内脏器官恢复原位。呼气时间约是吸气时间的 2 倍。

3. 完全呼吸法

完全呼吸法是把胸式呼吸和腹式呼吸结合在一起的呼吸方式。首先轻轻吸气，腹部区域涨起，继续吸气，腹部回收，横膈膜向上抬起，吸气吸满胸腔，从腹式呼吸过渡到胸式呼吸。当吸气吸到双肺的最大容量时，腹壁和肋骨下部向外推出，胸部只有些微移动。呼气，按相反的顺序，先呼出胸腔中的气体，再把腹腔的气体呼出，横膈膜下沉，尽量把气吐尽。整个呼吸过程自然顺畅，富有节奏，就像一个波浪轻轻从腹部波及胸膛中部进而波及胸膛的上半部，然后减弱消失。

三、瑜伽的基本姿势

1. 肘部练习

① 挺直身躯站立，两臂垂于体侧，两脚并拢，自然呼吸。两臂向前伸出，与地面平行，掌心朝上。两肘弯曲，手指轻拍肩头，再把双臂向前伸直，重复动作，如图 3-135 所示。

② 将两臂向两侧伸出，同样在肘部弯曲双臂，重复动作，如图 3-136 所示。

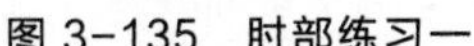

图 3-135　肘部练习一

图 3-136　肘部练习二

2. 蹬自行车式

① 背部贴地仰卧，两腿伸直，两手臂放在体侧，掌心向下，自然呼吸。屈膝抬高两腿，身体其他部位平放于地面，做蹬自行车的动作，如图 3-137 所示。

② 前蹬数圈后，稍停，然后开始向后蹬。后蹬数圈后两腿并拢，两脚同时向前做数圈蹬车动作，如图 3-138 所示，然后再同时向后蹬数圈。

图 3-137　蹬自行车练习一

图 3-138　蹬自行车练习二

3. 顶峰式

跪坐于地，臀部落于两脚跟上，两手放于大腿上，自然呼吸，放松全身。上身躯干前俯，两手掌心在膝盖前方撑地，与肩同宽，抬高臀部，两手两膝着地，跪在地板上。吸气，两腿伸直，膝盖打直，脚后跟密贴于地，将臀部升高，放松颈部，头部自然下垂处于两臂之间，身体呈倒 V 状。自然呼吸，保持这个姿势约 1min，如图 3-139 所示。呼气，逐步还原到最初的跪坐姿势。重复这一动作 3～5 次。

4. 莲花坐

正坐，双腿伸直。弯曲左腿，双手抓左脚，把它放在右大腿根部，脚心朝上，脚跟放在肚脐区域下方，触及骨盆。弯曲右腿，双手抓起右脚，扳过左小腿上方，放在左大腿根部，脚心朝上。脊柱伸直，两膝平放于地面，保持姿势，如图 3-140 所示。还原，按摩膝盖和脚踝。交换双腿位置，重复做。

图 3-139　顶峰式

图 3-140　莲花坐

5. 平衡式

全身放松，自然呼吸。右腿笔直站立，左腿自膝盖处弯曲，上抬左脚跟至紧贴臀部，脚尖朝上。左手抓住左脚。右臂伸直，手指并拢，自下而上慢慢抬起右臂，直至高举过头，掌心向前，身体平直，自上而下呈一条直线，如图 3-141 所示。保持 10～20s，右臂缓慢放下，手掌始终保持绷紧，左手松开，左腿落地。休息 10s，换另一侧肢体继续练习。每侧各练习 3～4 次。

6. 船式

仰卧在地面上，两脚并拢，两臂置于体侧，手心向下，自然呼吸。吸气，双臂、双脚、上身躯干、头、颈同时提起，头部和双脚离地约 0.3m，双臂向前伸直，同地面平行，双腿同时用力伸直。闭气，全身绷紧，两眼注视脚尖，保持 20～30s，如图 3-142 所示。把双腿、躯干放回地面，缓缓呼气，全身放松，还原到预备姿势，重复练习 3～5 次。

图 3-141 平衡式

图 3-142 船式

7. 向太阳致敬式

挺身直立，放松，两脚并拢，两掌在胸前合十，全身正直，目视前方，自然呼吸。缓慢而深长地吸气，双臂举向天空，两手食指相触，掌心向前，两臂和背部向后弯，两腿、两臂都伸直，如图 3-143（a）所示。

呼气，上身躯干和双臂向前沿弧形向地面弯曲，两手保持平行。用双掌或两手手指触及地板，不可弯曲双膝。屏住呼吸，身体上肢（腰部以上）自然放松，下肢（腰部及以下）保持笔直。头部自然垂于两臂之间。保持姿势 6～8s，如图 3-143（b）所示。

两掌和右脚保持不动，缓缓吸气，同时把左脚向后伸展，头部后仰，胸部前挺，背部成为凹拱形，如图 3-143（c）所示。

缓缓呼气，右脚向后滑动，使两脚靠拢，两脚脚跟提起，臀部向后上方拱起，两臂和两腿伸直，两掌和脚尖支撑地面，使身体如同一个三角形，如图 3-143（d）所示。

吸气，臀部向下向前放落，直至两臂与地面垂直。蓄气不呼，弯曲两肘，膝盖着地，胸膛向地板放低，略高于地面。缓缓呼气，胸部向前移动，直到腹部、大腿依次触及地面。吸气，同时两臂缓缓伸直，上身从腰部向上升起，背部成凹拱形，头部向后仰起，如图 3-143（e）所示。

呼气，臀部升高，还原到图 3-143（d）的姿势。吸气，双掌和右脚稳稳着地，左腿弯曲，左脚向前移动，放在两手靠后的地方。头部后仰，胸部前挺，脊柱再次呈凹拱形，如图 3-143（f）所示。

缓缓呼气，两掌支撑地面，将右脚抬起放在左脚边。头部垂下，双膝伸直。吸气，缓缓抬高身躯，两臂和背部向后弯。

呼气，还原到直立姿势。充分休息，重复练习 3～5 次。

图 3-143　向太阳致敬式

3.9　健美操运动

健美操是一种融体操、舞蹈、音乐为一体，以有氧练习为基础，以健、力、美为特征的体育运动项目，在国外被称为“有氧体操”。本节简要介绍健美操运动的发展与竞赛规则，详细讲解其技术要领等。

一、健美操运动简介

健美操是一项以有氧练习为基础，融体操、舞蹈、音乐于一体的体育运动。练习健美操能有效地增进心肺功能，塑造优美的形体，陶冶艺术情操。

自古以来，人类对“美”就有着执着的追求。孔子主张“尽善尽美”，讲究身体姿态端正。古希腊人采用跑跳、投掷、柔软体操和健美舞蹈等各种体育项目进行人体美的锻炼。

1980 年，世界健美操冠军联合会成立。自 20 世纪 80 年代起，健美操运动在世界各地蓬勃发展。

健美操的分类方法众多，根据练习的主要目的和任务，可分为竞技健美操和健身健美操；根据练习形式，可分为徒手健美操、器械健美操和特殊场地健美操；根据性别特征，可分为女子健美操和男子健美操；根据年龄特征，可分为儿童健美操、少年健美操、青年健美操、中年健美操和老年健美操；根据锻炼部位，可分为颈部健美操、肩部健美操、臂部健美操、胸部健美操、腹部健美操、腰部健美操、髋部健美操、腿部健美操等。

二、健美操运动技术要领

（一）下肢动作

健美操的基本步伐有 5 类：踏步类、迈步类、点地类、抬腿类和双腿类。

1. 踏步类

运动强度较低，两脚始终依次交替落地。

（1）踏步

两腿原地依次抬起，依次落地，两臂自然前后摆动，如图 3-144 所示。落地时，由脚尖过渡到脚跟，踝、膝、髋关节依次有弹性地缓冲。

（2）走步

迈步向前走时，脚跟先落地，过渡到全脚掌，如图 3-145 所示；向后走时则相反。

图 3-144　踏步

图 3-145　走步

（3）“一”字步

一只脚向前一步，另一只脚并于前脚，然后依次还原，如图 3-146 所示。前后均要有并脚过程；每一拍动作膝关节始终有弹性地缓冲。

（4）“V”字步

一只脚向前侧方迈一步，另一只脚随之向另一侧方迈一步，成两脚开立，屈膝，如图 3-147 所示，然后依次退回原位。两脚间距离略比肩宽，重心落于两腿之间。

（5）漫步

一只脚向前迈出，屈膝，重心随之前移，另一只脚稍抬起，然后原地落下；或向后撤一步，重心后移，另一只脚稍抬起，然后原地落下，如图 3-148 所示。动作富有弹性，身体重心随之前后移动。

（6）跑步

两腿经过腾空，依次屈膝落地缓冲，脚跟要着地，两臂屈肘摆臂，如图 3-149 所示。

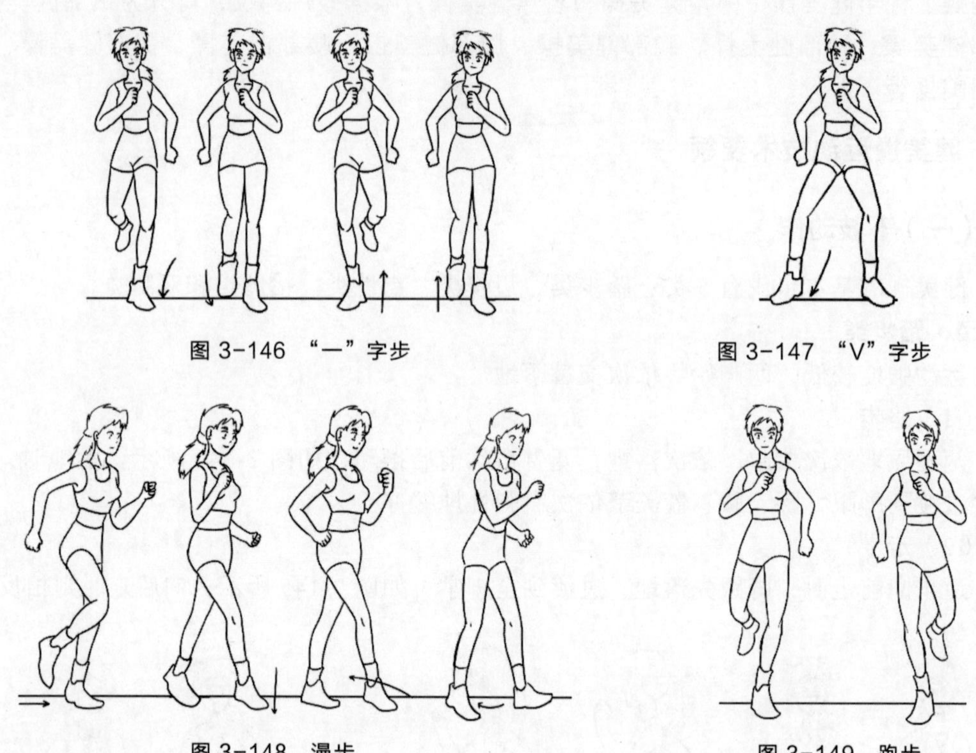

图 3-146 “一”字步　　图 3-147 “V”字步

图 3-148 漫步　　图 3-149 跑步

2. 迈步类

一条腿先迈出一步，重心移至该腿，另一条腿用脚跟或脚尖点地后向另一个方向迈步。

（1）并步

一只脚迈出，另一只脚随之并拢屈膝点地；再向反方向迈步，如图 3-150 所示。两膝保持弹动，重心随之移动，动作幅度和力度可随风格而定。

图 3-150 并步

（2）侧交叉步

一只脚向侧方迈一步，另一只脚在其后交叉，随之再向侧方迈一步，另一只脚并拢，屈膝点地，如图 3-151 所示。第一步脚跟先落地，屈膝缓冲，身体重心随脚步快速移动。

图 3-151 侧交叉步

3. 点地类

一条腿屈膝站立，另一条腿伸出，用脚尖或脚跟点地后还原到并腿位置。

（1）脚尖点地

一条腿稍屈膝站立，另一条腿伸出（向前、向后、向一侧），脚尖点地，然后还原到并腿姿势，如图 3-152 所示。支撑腿始终保持屈膝站立，并随动作有弹性地屈伸。

（2）脚跟点地

一条腿稍屈膝站立，另一条腿伸出，脚跟点地，然后还原到并腿姿势，如图 3-153 所示。只可做向前和向侧的脚跟点地。

图 3-152 脚尖点地

图 3-153 脚跟点地

4. 抬腿类

一条腿站立，另一条腿抬起。

（1）吸腿

一条腿屈膝抬起，落地还原，如图 3-154 所示。上体保持正直，大腿用力上提超过水平线，小腿自然下垂。

（2）摆腿

一条腿站立，另一条腿做摆动，如图 3-155 所示。摆腿时，上体顺势前倾、后倾或侧倾。

（3）踢腿

一条腿站立，另一条腿抬起，然后还原，如图 3-156 所示。踢腿时，加速用力且有控制，上体保持正直。

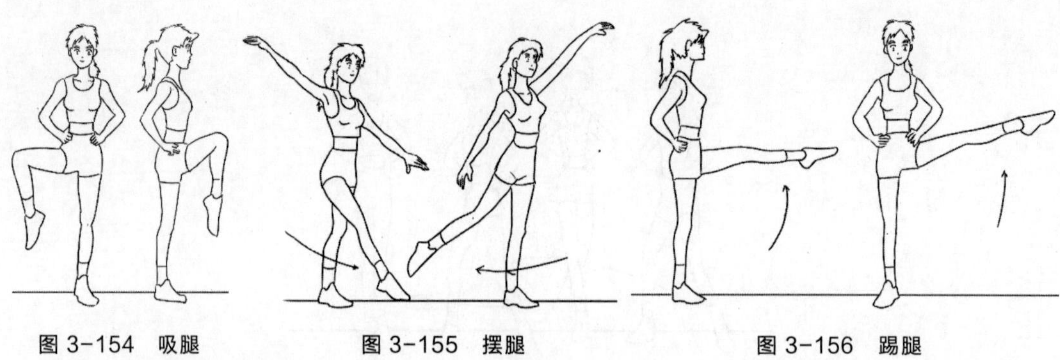
图 3-154 吸腿　　图 3-155 摆腿　　图 3-156 踢腿

（4）弹踢腿（跳）

一条腿站立（蹬跳），另一条腿先向后屈，再向前下方弹踢后还原，如图 3-157 所示。腿弹出时要有控制，无须太高，上体保持正直。

（5）后屈腿（跳）

一条腿站立（蹬跳），另一条腿向后屈膝折叠，放下腿还原，如图 3-158 所示。后屈腿脚跟靠近臀部，支撑腿有弹性地缓冲落地，两膝并拢。

图 3-157 弹踢腿（跳）

图 3-158 后屈腿（跳）

5. 双腿类

双腿站立或跳跃，身体重心在两腿之间。

（1）并腿跳

两腿并拢跳起，如图 3-159 所示。落地缓冲且有控制。

（2）分腿跳

分腿分立，屈膝半蹲（大、小腿夹角不小于 90°），向上跳起，分腿落地屈膝缓冲，如图 3-160 所示。

（3）开合跳

并腿跳起，分腿落地，再分腿跳起，并腿落地。分腿屈膝蹲时，两脚自然外开，膝关节沿脚尖方向弯曲。落地时，屈膝缓冲，脚跟着地。

（4）半蹲

半蹲分为并腿半蹲和分腿半蹲，两腿有控制地同时屈和伸。分腿半蹲时，两腿左右分开稍大于肩，脚尖稍外展，膝关节角度不小于 90°，与脚尖方向一致，上体保持直立，如图 3-161 所示。

（5）弓步

两脚前后分开，平行站立，一条腿屈膝，脚尖与膝垂直，另一条腿伸直，重心落于两脚之间。也可两膝皆屈，后腿的大腿垂直于地面，如图 3-162 所示。

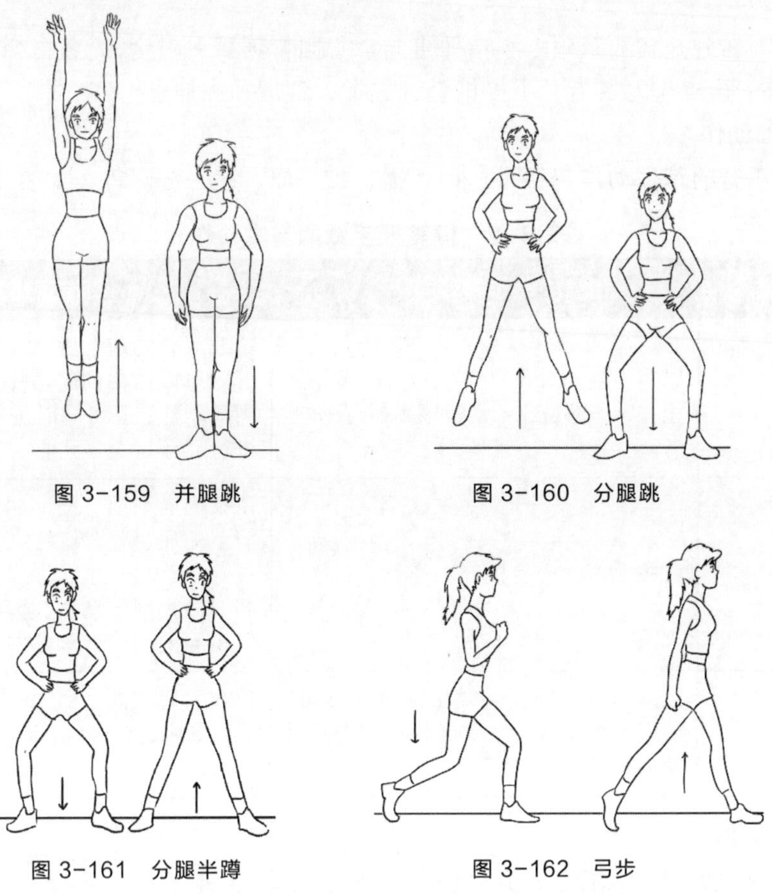

图 3-159　并腿跳

图 3-160　分腿跳

图 3-161　分腿半蹲

图 3-162　弓步

音乐和动作的配合，对健美操的艺术效果起着关键性的作用。

（二）上肢动作

1. 手形

健美操中，手掌随臂的姿态而灵活变化，一般而言，手臂伸展时，手指和手腕随之伸展，手背呈反弓形；手臂弯曲时，手指、手腕放松，从肩至手指成一柔和弧线。恰当地运用各种手形，能使手臂动作更加丰富多彩。健美操常见手形如下所述。

① 并拢式：五指伸直并拢，大拇指微屈，指关节贴于食指旁。

② 分开式：五指用力伸直，充分张开，手腕保持一定的紧张程度。

③ 一指式：握拳，食指或拇指伸直。

④ 芭蕾手势：五指微屈，后 3 指并拢、稍内收，拇指内扣。

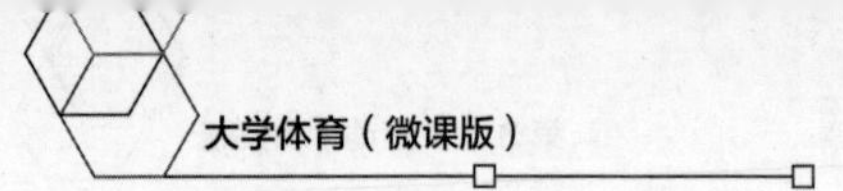

⑤ 拳式：握拳，拇指在外，指关节弯曲，紧贴于食指和中指。

⑥ 立掌式：五指伸直，手掌用力上翘。

⑦ 西班牙舞手势：五指用力，小指、无名指、中指自掌指关节处依次屈，拇指稍内扣。

⑧ 花式:在分开式的基础上小指伸直向掌心回弯到最大限度,无名指会随小指回弯。

⑨ 剑指：拇指与无名指、小指相叠，中指、食指并拢伸直。

2. 臂部动作

健美操手臂的基本动作包括举、摆、提、拉、屈、绕、绕环等，如表 3-2 所示。

表 3-2　健美操手臂的基本动作

动作分类	动作界定	动作变化
举（摆/提/拉）	以肩为轴，臂伸直向某方向抬起并停止在某一部位，活动范围不超过 180°	单或双臂的前、后、侧举。其中，双臂既可以做相同的动作，又可以做不同的动作；既可同时进行，又可依次进行，还可交叉进行
屈	肘关节产生一定的弯曲角度	包括胸前平屈、肩侧屈、肩上侧屈、肩下侧屈、肩上前屈、腰间屈、头后屈。既可以一臂做动作，又可以两臂同时做相同的动作，还可以两臂依次做相同的动作
绕（绕环）	以肩关节为轴，手臂在 180°～360° 的运动为绕；大于 360° 以上的圆周运动为绕环	单或双臂的前、后、内、外绕（环绕），小绕、中绕、大绕。两臂动作既可以同时进行，又可以依次进行

3. 肩部动作

单肩或双肩提肩、沉肩、收肩、展肩、绕肩、振肩等。

4. 躯干动作

躯干的波浪动作可向前、后、左、右依靠身体各部位依次完成，动作要协调、连贯。例如，前波浪是从下而上，后波浪是从上而下等。

三、健美操运动竞赛规则

（一）基本规定

1. 比赛场地与设备

① 赛台高 80～100 cm，比赛场地为 12 m×12 m 的地板或地毯，后面有背景遮挡。

② 有专业的放音设备和舞台灯光。

③ 裁判席设在比赛场地的正前方。

2. 成套动作时间

① 规定动作：按《全国健美操大众锻炼标准》的规定时间执行。

② 自选动作：成套动作时间为 2.5～3 min，计时从动作开始到动作结束。

3. 音乐伴奏

① 规定动作音乐由主办单位提供《全国健美操大众锻炼标准》中规定的动作音乐并统一播放。

② 自选动作音乐由参赛队自备，音乐刻录到光盘中，必须准备 2 份，其中 1 份报到后交大会放音组。

③ 自选动作音乐允许有 2×8 拍的前奏，音乐速度不限，比赛音乐必须是高质量的。

4. 比赛服装

① 着健身服或运动式休闲服和运动鞋（旅游鞋式，不可穿球鞋、体操鞋等）。

② 服装上可有亮片等装饰物，女选手可化淡妆；比赛时选手不得佩戴首饰。

5. 裁判组组成

裁判组由 1 名裁判长、5～7 名裁判员、1 名总记录长、2～3 名记录员、1 名计时员（自选动作比赛）、1～2 名放音员、2～3 名检录员、1 名宣告员组成，也可根据比赛规模大小适当增减裁判人员。

6. 评分方法

① 采取公开示分的方法，成套动作满分为 10 分，裁判员的评分精确到 0.1 分。

② 评分计算方法是去掉 1 个最高分和 1 个最低分，中间 3 个分数的平均分即为得分，再减去裁判长减分即为最后得分。

③ 对比赛成绩和结果不接受申诉。

7. 比赛成绩与奖励

① 比赛成绩按比赛规程执行。

② 奖项设置与奖励办法按比赛规程执行。

（二）成套动作评分

1. 规定动作评分（10 分制）

评分因素与分值：表演和团队精神 4 分，动作完成 6 分，如表 3-3 所示。

表 3-3　规定动作评分表

扣分表				
评分因素	内容	一般	较差	不可接受
表演和团队精神 4 分	表现力与热情	0.1～0.2	0.3～0.4	0.5 或更多
	队形	0.1～0.2	0.3～0.4	0.5 或更多
	一致性（每次）	0.1	0.2	0.3
动作完成 6 分	动作的正确性	0.1～0.2	0.3～0.4	0.5 或更多
	动作不熟练、漏做动作	0.1～0.2	0.3～0.4	0.5 或更多
	身体的协调性	0.1～0.2	0.3～0.4	0.5 或更多
	动作连接	0.1～0.2	0.3～0.4	0.5 或更多
	改变动作或附加动作	0.1～0.2	0.3～0.4	0.5 或更多
	动作充分表现音乐的情绪	0.1～0.2	0.3～0.4	0.5 或更多
	动作和音乐节奏配合准确	0.1～0.2	0.3～0.4	0.5 或更多

2. 自选动作评分（10 分制）

评分因素与分值：动作设计集体 3 分/个人 4 分，动作完成集体 4 分/个人 4 分，表演和团队精神 3 分，个人表演 2 分，如表 3-4 所示。

表 3-4　自选动作评分表

扣分表					
评分因素		内容	一般	较差	不可接受
动作设计集体 3 分/个人 4 分		主题健康、充满活力	0.1～0.2	0.3～0.4	0.5 或更多
		风格突出、富有创意	0.1～0.2	0.3～0.4	0.5 或更多
		动作类型丰富，动作的转换自然流畅	0.1～0.2	0.3～0.4	0.5 或更多
		服饰选择美观、协调	0.1～0.2	0.3～0.4	0.5 或更多
		音乐的选择与动作风格相一致并配合协调，录音质量高、清晰	0.1～0.2	0.3～0.4	0.5 或更多
		充分利用场地和空间	0.1～0.2	0.3～0.4	0.5 或更多
		安全性	0.1～0.2	0.3～0.4	0.5 或更多
		每出现一个不安全动作	扣 0.2		
动作完成集体 4 分/个人 4 分		动作完成轻松、准确、流畅	0.1～0.2	0.3～0.4	0.5 或更多
		动作完成能体现所选择主题的风格和特点	0.1～0.2	0.3～0.4	0.5 或更多
		动作与音乐须协调一致	0.1～0.2	0.3～0.4	0.5 或更多
		基本姿态和技术正确，动作优美	0.1～0.2	0.3～0.4	0.5 或更多
集体	表演和团队精神 3 分	表现力与热情	0.1～0.2	0.3～0.4	0.5 或更多
		队形	0.1～0.2	0.3～0.4	0.5 或更多
		一致性（每次）	0.1	0.2	0.3
		表现力与热情	扣 0.3	0.4～0.5	0.6 或更多
个人表演 2 分		表现力与热情	扣 0.3	0.4～0.5	0.6 或更多

3. 裁判长减分

裁判长对比赛的过程进行组织和监控，并对下列情况进行减分，每项均减 0.2 分：被叫到后 20 s 内未出场；参赛人数不符合规定；成套时间不足或超过；着装不符合规定；比赛时掉物或装束散落。

（三）不安全动作

不安全动作包括各种竞技体操和技巧运动的翻转和抛接动作，过度背弓，无支撑体前屈，仰卧翻臀，头绕环和过度头后仰，膝转，足尖起，仰卧直腿起坐、仰卧直腿举腿、仰卧两头起，臀部低于膝关节的深蹲，高难度的托举动作。

在成套动作中不鼓励出现竞技健美操中的难度动作，如出现类似的动作，将不予加分，并对出现的错误动作进行减分。

（四）纪律与处罚

1. 裁判员纪律与处罚

严格按照《体育竞赛裁判员管理办法》的有关规定执行。

2. 赛者纪律与处罚

① 裁判示意后 1 min 内未出场者，取消比赛资格。

② 拒绝领奖者取消所有成绩与名次。

③ 检录 3 次未到者取消该项比赛资格。

④ 对不遵守大会其他纪律、不尊重裁判员和大会工作人员、有意干扰比赛者将视情况给予以下处罚：警告，取消比赛资格，取消健美操等级指导员资格，终身取消比赛资格。

（五）特殊情况处理

运动员在遇到以下特殊情况时，应立即停止做动作并向裁判长反映，在问题解决后重做，在成套动作结束后提出的要求将不被接受：播放错音乐；由于音响设备而出现的音乐问题；由于设备问题而出现的干扰——灯光、舞台、会场。

3.10 武术运动

武术是以技击动作为主要内容，以套路和格斗为运动形式，注重内外兼修，增强体质、培养意志的中华传统体育项目。本节简要介绍武术的起源和分类，概述武术的基本功和基本动作，讲解形神拳、二十四式太极拳和散打的基本技术，探讨女子防身术的基本原则和基本技术。

一、武术简介

武术萌芽于原始社会人类与野兽的搏斗。随着部落战争的此消彼长，攻防格斗技术不断积累。自卫本能的升华、猎取食物的需求和实战技术的积累为武术发展奠定了基础。青铜兵器的使用，战车、机弩的发明，刀、剑、钩、钺、戟的出现，武器向多样化发展，使武术的技击性进一步突出。从单纯的军事技术到带有健身色彩的民间体育运动，从相击形式的搏斗到舞练形式的演练，从单练、对练到套路，武术的内容不断充实。

狭义的武术特指中华武术，它是中华民族的宝贵遗产，以中华传统文化为基础。在其源远流长的发展过程中，摄养生之精髓，集技击之大成，攻防自卫，强身健体，具有“内外合一”“神形兼备”“尚武崇德”的特点。

我国武术代表团曾多次出访，以精湛的技艺和表演在众多国家和地区引起强烈反响，“武术热”风靡全球。1990 年国际武术联合会（简称国际武联）在北京成立。1990 年第 11 届亚运会，武术被列为正式比赛项目；2008 年，第 29 届奥运会将武术作为特别竞赛项目。

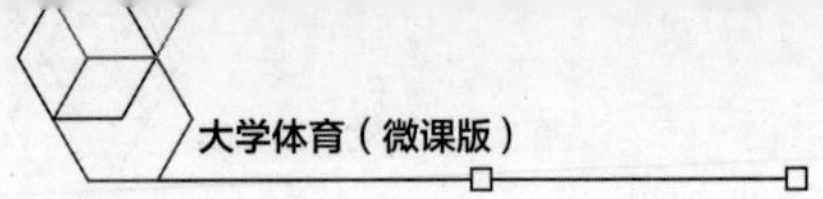

二、武术基础

（一）武术的基本功

练习武术的基本功能有效地提高关节的伸展性和灵活性，增强韧带的柔韧性和肌肉的力量，它既是武术入门不可或缺的基础功夫，又是提高体能和武术技能的必要手段。

武术的基本功按人体的身体部位可划分为肩臂功、腿功、腰功和桩功。

1. 肩臂功

肩臂功，主要是加大肩关节的活动范围并增进其韧带的柔韧性，发展肩臂部肌肉力量，提高上肢运动的伸展、敏捷、松长、转环等能力。

练习方法主要有压肩、吊肩、转肩、绕肩等。

（1）压肩

开步（两脚平行，左右站立）站立，与肩同宽或稍宽，上体前俯，手握肋木，下振压肩，如图 3-163 所示。也可两人面对面站立，互相扶按肩部，做体前屈振动压肩动作。

动作要点：挺胸、塌腰、收髋，两臂、两腿伸直；振幅逐步加大，压点集中于肩部。

（2）吊肩

并步（两脚内侧相靠）站立，背对肋木，两手反臂抓握，然后下蹲，两臂拉直或悬空吊起，如图 3-164 所示。

动作要点：两臂伸直，肩部放松。

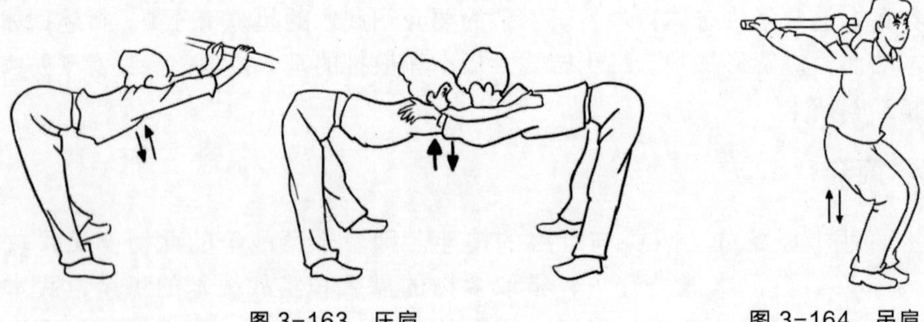
图 3-163　压肩　　图 3-164　吊肩

（3）转肩

开步站立，两手正握棍于体前，如图 3-165 所示。以肩关节为轴，两臂伸直上举经头顶绕至体后，再从体后向上绕至体前。

动作要点：两臂始终伸直；两手握棍距离应由宽到窄，一般与肩同宽。

（4）绕肩

单臂绕环，成左弓步姿势，左手按于左膝上（也可两脚开立，左手叉腰），右臂上举，由上向后、向下、向前环绕，为后绕环（见图 3-166）；右臂由上向前、向下、向后环绕，为前绕环。左右臂交替练习。

动作要点：臂要伸直，肩应放松，贴身划立圆，逐渐加速。

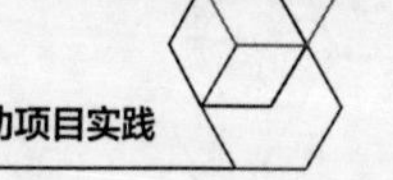

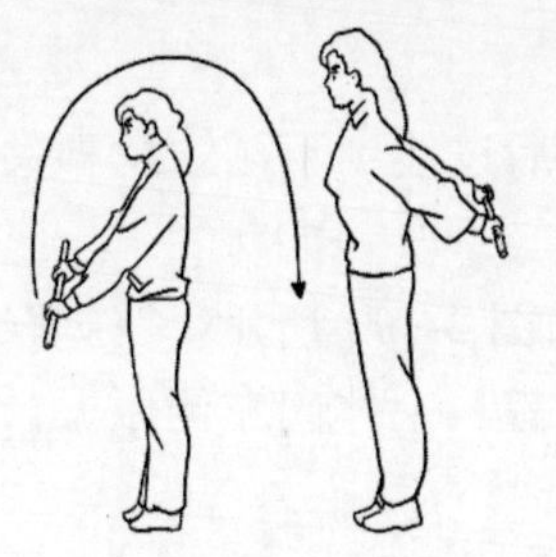

图 3-165 转肩

图 3-166 绕肩

双臂绕环，两脚开立，与肩同宽。3 种形式如下。

① 前后绕环：两臂垂于体侧，依次由下向前、向上、向后绕环，如图 3-167 所示。数次后，再做反方向的绕环。

② 左右绕环：左右两臂同时向右、向上、向左、向下绕环，如图 3-168 所示。数次后，再做反方向绕环。

③ 交叉绕环：两臂直臂上举，左臂前绕环，同时右臂后绕环，如图 3-169 所示。数次后，再做反方向绕环。

动作要点：松肩、探臂，划立圆绕环。

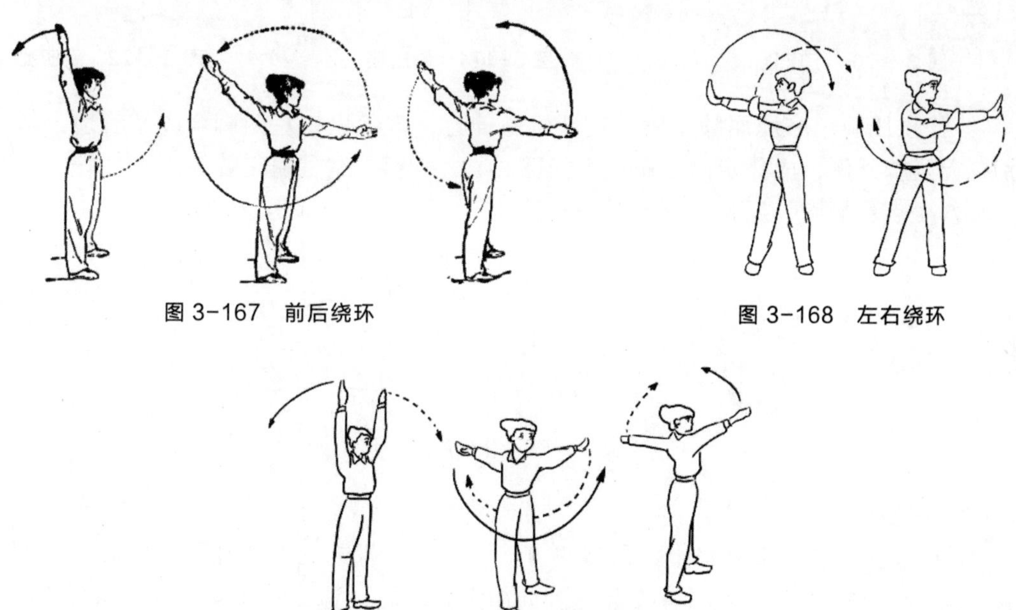

图 3-167 前后绕环

图 3-168 左右绕环

图 3-169 交叉绕环

2. 腿功

腿功主要是拉长腿部的肌肉和韧带，加大髋关节和膝关节的活动范围，增强腿部的柔韧性、灵活性、协调性和力量等。练习方法主要有压腿、搬腿、劈腿等。

（1）压腿

① 正压腿。右腿直立支撑，将左脚跟放在与髋同高或稍高的肋木上，脚尖勾紧，两手扶按在膝关节上（或双手抱脚），立腰、收髋、挺膝，上体前屈，向前、向下做压振

动作，如图 3-170 所示。左右腿交替练习。

动作要点：逐渐加大振幅，先以前额、鼻尖触及脚尖，然后过渡到下颏触及脚尖，以提高腿的柔韧性。

② 侧压腿。身体侧对肋木，右腿伸直支撑，脚尖外展，如图 3-171 所示。左脚跟放在肋木上，脚尖勾紧，右臂上举，左掌附于右胸前，立腰、展髋，上体向左侧压振。左右腿交替练习。

动作要点：逐步加大振幅，直到右手握左脚掌、上体侧卧在左腿上。

③ 后压腿。背对肋木，右腿支撑，左脚背放在肋木上，脚面绷直，上体后仰做压振动作，如图 3-172 所示。左右腿交替练习。

动作要点：挺胸、展髋、腰后屈。

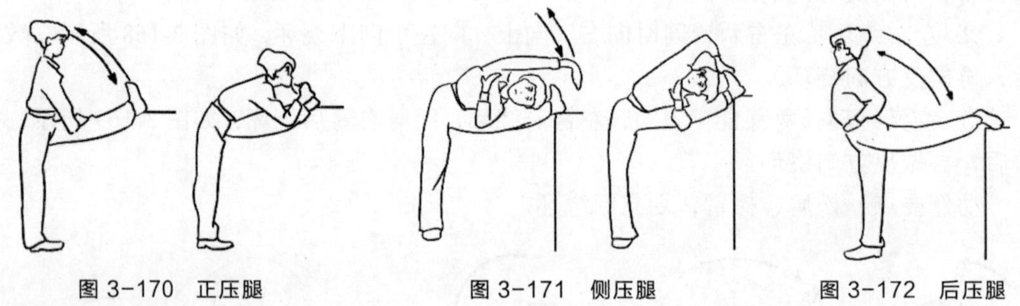

图 3-170　正压腿　　图 3-171　侧压腿　　图 3-172　后压腿

④ 仆步压腿。右腿屈膝全蹲，左腿挺膝伸直，脚尖里扣。两脚全脚掌着地，两手分别抓握两脚外侧，成仆步向下压振，如图 3-173 所示。左右腿交替练习。

动作要点：挺胸、塌腰、沉髋，左右移动不宜过快，臀部尽量贴近地面。

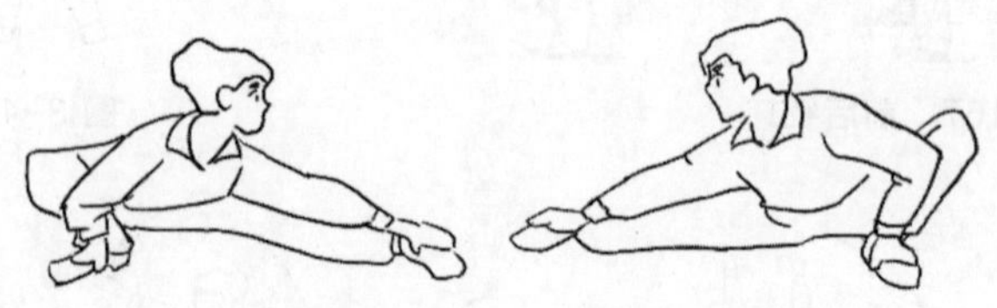

图 3-173　仆步压腿

（2）搬腿

① 正搬腿。右腿直立与上体保持正直，左腿屈膝提起，右手托握左脚外侧，左手抱膝，如图 3-174 所示。然后，左腿挺膝向前上方举起，脚尖勾紧，也可由同伴托住脚跟上搬。左右腿交替练习。

图 3-174　正搬腿

动作要点：挺胸、立腰、收髋，上搬高度应由低到高。

② 侧搬腿。左腿直立与上体保持正直，右腿屈膝提起，右手经小腿内侧托住脚跟，然后将右腿向右上方搬起，左臂上举亮掌；也可由同伴托住脚跟向侧上搬腿，如图 3-175 所示。左右腿交替练习。动作要点：挺胸、立腰，髋关节放松。

③ 后搬腿。手扶一定高度的物体或肋木，左腿支撑，由同伴托起右腿从身后向上搬举，挺膝，脚尖绷直，上体后屈，如图 3-176 所示。左右腿交替练习。

动作要点：挺胸、塌腰、髋放正、腰后屈。

图 3-175　侧搬腿

图 3-176　后搬腿

（3）劈腿

① 竖叉。两臂侧平举或扶地，两腿前后分开成一直线。左腿后侧着地，脚尖勾起，右腿内侧或前侧着地，如图 3-177 所示。

动作要点：挺胸、立腰、沉髋、挺膝。

② 横叉。两臂侧平举或在体前扶地，两腿左右分开成一直线，两腿内侧着地，如图 3-178 所示。

动作要点：挺胸、立腰、展髋、挺膝。

图 3-177　竖叉

图 3-178　横叉

3. 腰功

腰是贯通上下肢体的枢纽，是表现身法技巧的关键。腰功主要发展脊椎和腰部各肌肉群的柔韧性和弹性，加大腰部的活动范围。练习方法主要有俯腰、甩腰、涮腰、下腰等。

（1）俯腰

① 前俯腰。并步站立，两手手指交叉，直臂上举，掌心朝上。上体前俯，两掌心尽量贴地，如图 3-179 所示；也可两手分别抱住两脚跟腱部位，头贴近腿部，持续一定时间后再站立，如图 3-180 所示。

动作要点：两腿挺膝伸直，挺胸、塌腰、收髋，尽力向前折体。

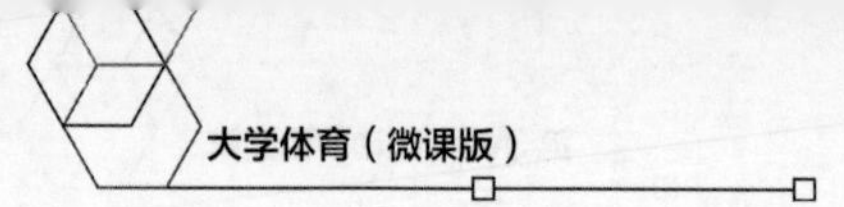

② 侧俯腰。基本同前俯腰，但两手手指交叉在脚外侧触地，向左或向右转体，如图 3-181 所示。

动作要点：两腿挺膝伸直，两脚不可移动，上体尽量下屈。

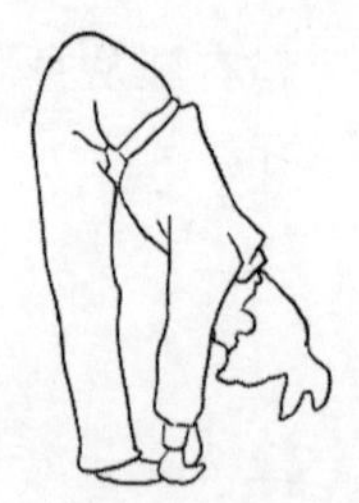
图 3-179 前俯腰 1

图 3-180 前俯腰 2

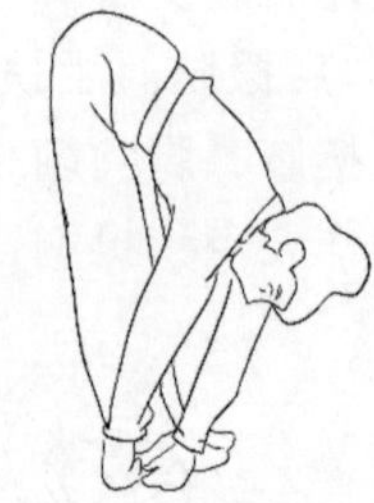
图 3-181 侧俯腰

（2）甩腰

两脚开步站立，两腿挺膝伸直，两臂上举。以腰、髋关节为轴，上体做前后屈的甩动动作，如图 3-182 所示，两臂也随之摆动。

动作要点：快速、紧凑而有弹性。

（3）涮腰

两脚开立，略宽于肩，上体前俯，两臂向左前下方伸出。然后以髋关节为轴，向前、向右、向后、向左翻转绕环一周，如图 3-183 所示。左右交替练习。

动作要点：尽量增大绕环幅度。

（4）下腰

两脚开步站立，与肩同宽，两臂伸直上举。腰向后屈，抬头、挺胸、顶腰，两手撑地成桥形，如图 3-184 所示。

动作要点：挺膝、挺髋、挺胸、腰向上顶，桥弓要大；脚跟不可离地。

图 3-182 甩腰

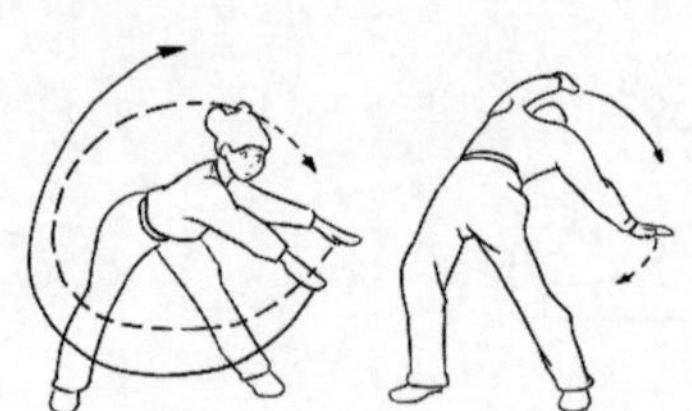
图 3-183 涮腰

图 3-184 下腰

4. 桩功

桩功是以静站的方式锻炼气息、修养意念、增强力量并形成动作动力定型的锻炼方法。通过桩功练习能增强并稳固下肢力量，使内劲饱满、气血畅活，达到壮内强外的效果。练习方法主要有马步桩、虚步桩、浑元桩（升降桩和开合桩）等。

（二）武术的基本动作

武术运动讲究心、神、意、气和手、眼、身、步的配合与统一，利关节、强筋骨、壮体魄、理脏腑、通经脉、调精神，使身心得到全面发展。武术的基本动作是武术各项目中基础、简单、典型、不可缺少的动作，主要包括手型、手法、步型、步法、腿法、平衡和跳跃等。

1. 手型

（1）拳

四指并拢卷握，拇指紧扣食指和中指的第二指节，如图 3-185 所示。拳眼朝上为立拳，拳心朝下为平拳。

动作要点：拳握紧，拳面平，直腕。

（2）掌

四指并拢伸直，拇指弯曲紧扣于虎口处，如图 3-186 所示。手腕伸直为直掌，掌指朝上为立掌。

动作要点：竖指并拢，掌心展开。

（3）勾

五指第一指节捏拢在一起，腕屈紧，如图 3-187 所示。

动作要点：五指指尖齐平，腕屈紧。

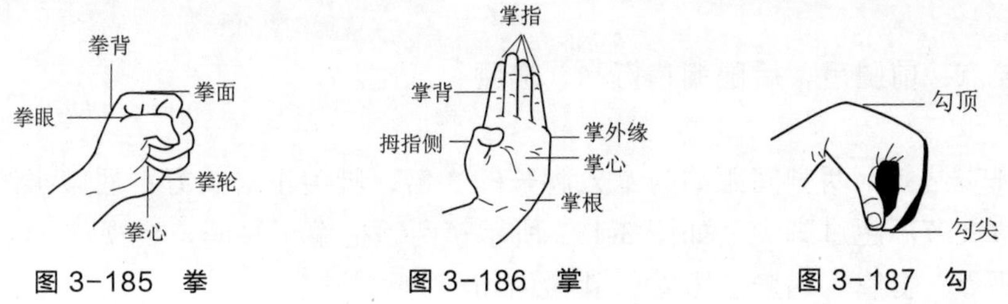

图 3–185 拳　　图 3–186 掌　　图 3–187 勾

2. 手法

（1）冲拳

预备姿势：双脚开步站立，与肩同宽；两手握拳分别抱于腰侧，拳心向上，肘尖向后，目视前方，如图 3-188（a）所示。

动作说明：右拳从腰间猛力向前冲出，肘关节过腰后，前臂内旋，力达拳面，臂伸直高与肩平，同时左肘向后牵拉，目视右拳，如图 3-188（b）所示。左右臂交替练习。

动作要点：挺胸、收腹、拧腰、顺肩，出拳应快速有力且有寸劲（即爆发力）。

（2）推掌

预备姿势和动作要点同冲拳。

动作说明：拳变掌，以掌根为力点立掌（翘掌、沉腕）推出，力达掌外沿，如图 3-189 所示。

（3）亮掌

预备姿势同冲拳。

动作说明：右拳变掌，由腰间经体侧向右、向上划弧至头部右上方，肘微屈，抖腕翻掌；同时头向左转，目视左方，如图 3-190 所示。

动作要点：挺胸、收腹、立腰，抖腕翻掌与转头要同时完成。

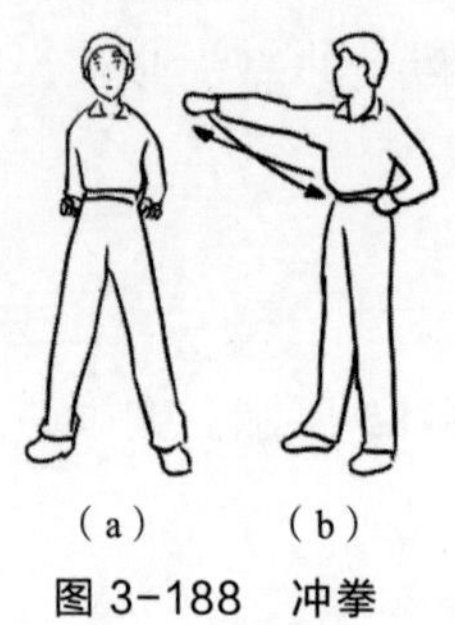
（a）（b）
图 3-188　冲拳

图 3-189　推掌

图 3-190　亮掌

3. 步型

步型与步法的练习主要是增进腿部的速度和力量，提高两腿移动的灵活性和稳固性。

（1）弓步

前腿屈膝半蹲，大腿接近水平，脚尖微内扣，与膝垂直；后腿挺膝伸直，脚尖内扣斜向前（约 45° 角），如图 3-191 所示；两脚全脚掌着地，间距为本人脚长的 4～5 倍；上体正对前方，两手抱拳于腰间，平视前方。弓左腿为左弓步，弓右腿为右弓步。

动作要点：前腿弓，后腿绷；挺胸、塌腰、沉髋。

（2）马步

两脚开步站立，两脚间距约为本人脚长的 3 倍，脚尖正对前方；屈膝半蹲，大腿接近水平，膝关节不超过脚尖，如图 3-192 所示；两手抱拳于腰间，目视前方。

动作要点：挺胸、塌腰、直背，膝微内扣，脚跟外蹬。

（3）虚步

两脚前后开立，后腿屈膝半蹲，大腿接近水平，脚尖外展约 45° 角，全脚掌着地；前腿微屈，脚尖前伸虚点地面，脚面崩平并稍内扣，如图 3-193 所示；重心落于后退，目视前方。左脚在前为左虚步，右脚在前为右虚步。

动作要点：挺胸、塌腰、虚实分明。

（4）仆步

两脚左右开立，间距约为本人脚长的 4 倍；一条腿屈膝全蹲，大小腿紧靠，臀部接近小腿，脚和膝稍外展，如图 3-194 所示；另一条腿挺直平仆接近地面，脚尖内扣；两脚全脚掌着地，两手抱拳于腰间，眼向仆出腿一方平视。仆左腿为左仆步，仆右腿为右仆步。

动作要点：挺胸、塌腰、沉髋。

图 3-191 弓步

图 3-192　马步

图 3-193　虚步

图 3-194　仆步

（5）歇步

两腿交叉靠拢，屈膝全蹲，前脚全脚掌着地，脚尖外展，如图 3-195 所示；后脚脚跟离地，膝部贴近前腿外侧，臀部坐于后小腿接近脚跟处；两手抱拳于腰间，眼向前一方平视。左脚在前为左歇步，右脚在前为右歇步。

动作要点：挺胸、塌腰、两腿靠拢并贴紧。

（6）丁步

两腿并拢半蹲，一只脚全脚掌着地支撑（重心落于此腿），如图 3-196 所示；另一只脚脚面绷直，脚尖内扣并虚点地面，靠于支撑脚的脚弓处；两手抱拳于腰间，目视前方。左脚尖点地为左丁步，右脚尖点地为右丁步。

动作要点：挺胸、塌腰、虚实分明。

图 3-195　歇步

图 3-196　丁步

4. 步法

（1）击步

预备姿势：两脚前后开立，同肩宽，两手叉腰。

动作说明：上体略前倾，前脚蹬地前纵，后脚提起在空中向前碰击前脚跟，如图 3-197 所示；两脚依次落地，后脚先落，前脚后落；目视前方。

动作要点：腾空时，上体保持正直并侧对前方。

（2）弧形步

预备姿势与击步的预备姿势相同。

动作说明：两腿略屈半蹲，沿弧形路线迅速连续行步，脚跟先着地并迅速过渡到全脚掌，步幅略比肩宽，目视前方，如图 3-198 所示。向左跨为左弧形步（或左环绕步），向右跨步为右弧形步（或右环绕步）。

动作要点：挺胸、塌腰；身体重心要平稳；注意转腰。

图 3-197　击步

图 3-198 弧形步

5. 腿法

（1）正踢腿

预备姿势：并步站立，臂侧平举，立掌，目视前方。

动作说明：左脚向前上半步，左腿伸直支撑，右腿挺膝，脚尖勾起向前额处快速踢起，如图 3-199 所示；上体正直，目视前方。左右腿交替练习。

动作要点：收腹、挺胸、立腰；踢腿过腰后加速；踢腿时脚尖勾起绷落或勾起勾落。

（2）斜踢腿

预备姿势和动作要点同正踢腿。

动作说明：一条腿向异侧耳际踢起，如图 3-200 所示。

图 3-199　正踢腿

图 3-200　斜踢腿

（3）侧踢腿

预备姿势同正踢腿。

动作说明：右脚向前上半步，脚尖外展；左脚跟稍提起，身体略右转，左臂前伸，右臂后举，如图 3-201 所示。随即左腿挺膝，勾脚向左耳侧踢起；同时右臂上举亮掌，左臂屈肘立掌于右肩前。踢左腿为左侧踢，踢右腿为右侧踢。

动作要点：挺胸、立腰、开髋、侧身、猛收腹。

（4）外摆腿

预备姿势同正踢腿。

动作说明：右脚上步支撑，左脚脚尖勾紧向右侧上方踢起，经面前向左侧上方摆动，而后直腿下落，还原成预备姿势，如图 3-202 所示。左掌可在左侧上方迎击左脚脚面。左右腿交替练习。

动作要点：挺胸、立腰、收腹、展髋，摆腿成扇形，幅度要大。

图 3-201　侧踢腿

图 3-202　外摆腿

（5）里合腿

预备姿势同正踢腿。

动作说明：左脚向左上方踢起，经面前向右侧上方直腿摆动，如图 3-203 所示。

动作要点：挺胸、立腰、合髋，腿成扇形里合，幅度要大。

（6）弹腿

预备姿势：并步站立，两手抱拳于腰间，目视前方。

动作说明：左腿支撑，右腿屈膝提起，右脚绷直，大腿与腰平，迅速挺膝，小腿猛力向前弹击，力达脚尖，如图 3-204 所示。大腿与小腿成一直线，高与腰平。左右腿交替练习。

动作要点：挺胸、直腰、收髋，脚面绷平，弹踢有力。

图 3-203　里合腿

图 3-204　弹腿

（7）后扫腿

成左弓步，同时两掌从腰侧向前推出，掌指朝上，如图 3-205 所示。然后，左腿屈膝全蹲，脚尖内扣，成右仆步，同时上体右转并前俯，两掌在右腿内侧撑地，随上体向右后拧转的惯性力量，以左前掌为轴，右脚贴地向后扫转一周。

动作要点：转体、俯身、撑地，扫转要连贯协调，一气呵成。

6. 平衡

平衡练习的主要作用是增加腰、髋的柔韧性和肌肉的控制力量。

（1）提膝平衡

右腿伸直支撑，左腿屈膝高提过腰，脚面绷直，垂扣于右腿前侧，如图 3-206 所示。右臂上举于头上亮掌，左手反臂后举成勾手。两眼向左平视。

动作要点：挺胸、立腰、收腹；平衡站稳，提膝近胸，脚内扣。

（2）燕式平衡

左腿支撑站稳，右腿屈膝提起，两掌在身前交叉，掌心向内，如图 3-207 所示。然后，两掌向两侧直臂分开平举，上体前俯，略高于水平，脚面绷平向后上蹬伸，至高于头顶水平部位。

动作要点：两腿伸直，挺胸、抬头、腰后屈。

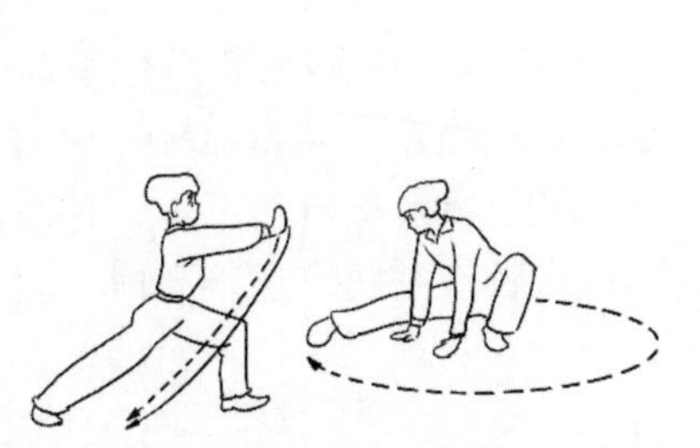

图 3-205　后扫腿

图 3-206　提膝平衡

图 3-207　燕式平衡

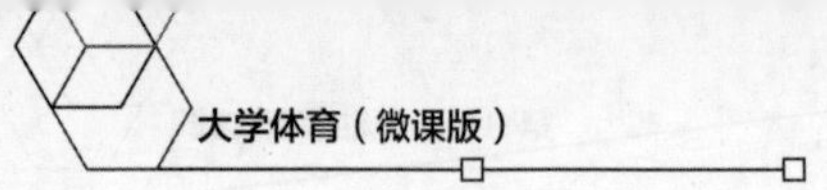

7. 跳跃

跳跃指蹬地跳起，身体腾空时完成各种手法、腿法等动作。它能增强腿部力量，并提高弹跳能力。

（1）腾空飞脚

预备姿势：并步站立，两臂垂于体侧，目视前方。

动作说明：上体稍后仰，右脚向前迈步，以脚跟着地，蹬地跃起，如图 3-208（a）所示。左腿随之向前、向上踢摆，同时，两臂向头上摆起，右掌背碰击左掌心，双眼平视前方，如图 3-208（b）所示。身体向上腾起，右腿挺膝向前上方弹踢，脚面绷平过腰，右掌迎击右脚面，同时左腿屈膝收控于右腿侧，脚面绷直，脚尖向下，左掌直臂摆至头部左上方，变勾手，勾尖向下，略高于肩；上体微前倾，目视右脚，如图 3-208（c）所示。左右脚依次落地，以前脚掌先着地，然后过渡到全脚，随之屈膝加以缓冲。

（2）旋风脚

预备姿势：高虚步亮掌站立。

动作说明：开步站立，两臂垂于体侧，目视前方，如图 3-209（a）所示。右臂向前上方弧形摆掌，掌心向斜上方；同时左臂屈肘，左掌收于左腰侧，掌心向下；上体微左转，目随右掌，如图 3-209（b）所示。右掌经体前向左、向下、向右、向头上抖腕亮掌，掌心向上，掌指朝左；同时左掌从右臂内穿出，经胸前向上，向左摆至左侧，掌指朝上，高于肩平。在右臂抖腕亮掌的同时，头部左转，两眼转视左侧，左脚收于体前，脚尖虚点地面，成高虚步，如图 3-209（c）所示。

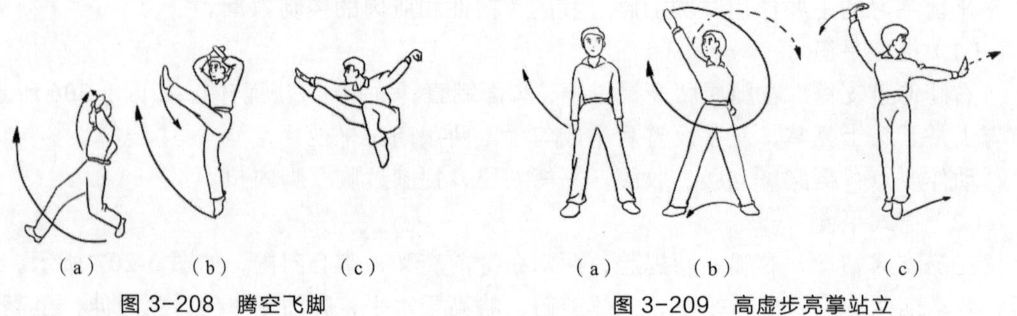

图 3-208　腾空飞脚　　图 3-209　高虚步亮掌站立

关键动作说明如下。

左脚左上步，同时左掌向前、向上摆起，右臂伸直向后、向下摆动，如图 3-210（a）所示。右脚随即上步，脚尖内扣，左臂随之向下摆动并屈肘收至右胸前。左臂向上、向前抡摆，上体向左旋转前俯，如图 3-210（b）所示。重心右移，右腿屈膝蹬地跳起，左腿提起向左上方摆动，如图 3-210（c）所示。上体向左上方翻转，身体旋转一周（不少于 270°），右腿挺膝里合，左手在面前迎击右脚掌，左腿舒展外摆自然下垂，并在击响的刹那间离地，如图 3-210（d）所示。当腾空动作较熟练后，左腿应逐步高摆，屈膝或直腿收控于身体左侧。

（3）腾空摆莲

预备姿势：高虚步挑掌站立。

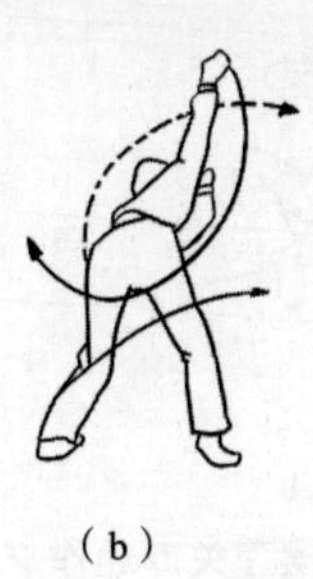

（a）　（b）　（c）　（d）

图 3-210　旋风脚关键动作

动作说明：并步站立，右脚后撤一大步，同时右臂向前、向上挑掌，左臂后摆至体后，如图 3-211 所示。重心后移，左脚回收至身前虚点地面，成高虚步；同时右臂向上、向后、向下、向前环绕一周于身前挑掌，左臂向前、向上、向后绕环抡摆至身后，两臂与肩齐平，两掌掌指朝上；挺胸、直腰、顺肩，目视前方。

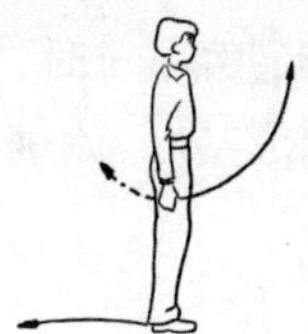

图 3-211　高虚步挑掌站立

关键动作说明如下。

左脚向前进半步，如图 3-212（a）所示，右脚随之向前进一大步，脚尖外展，屈膝微蹲。同时右掌弧形回收至腰间，左臂由后经上摆至头前上方，如图 3-212（b）所示。右腿蹬伸上跳，左脚屈膝提起收扣于身前，身体腾空。同时右臂经左臂内侧向上弧形斜上举，左臂顺势摆向身后，头部左转，右肩前顺，如图 3-212（c）所示。右脚落地，左脚随之在身前落步，右脚再进一步，脚尖外展，身体右转，同时右臂顺势下落，左臂前摆，如图 3-212（d）、（e）所示。

图 3-212　腾空摆莲关键动作 1

重心前移右腿，右脚蹬地跳起，同时左腿向右上方里合踢摆，两手上摆于头上击响，上体向右旋转，身体腾空，如图 3-213（a）所示。右腿上踢外摆呈扇形，两手先左后右依次拍击右脚面，左腿屈膝收控于右腿侧，上体微前倾，两眼随视两手，如图 3-213（b）所示。空中击响时，左腿充分伸直分开摆动控于体侧，如图 3-213（c）所示。

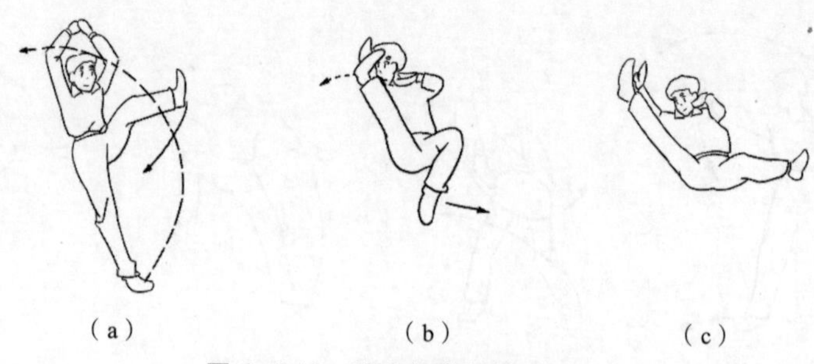

（a）（b）（c）

图 3-213 腾空摆莲关键动作 2

三、形神拳

（一）形神拳概述

形神拳属于长拳套路，其特点是动作舒展、刚劲有力、节奏鲜明。全套动作加上预备势和收势共有 32 个动作，正常速度完成约需 1 min。完整套路练习可增加肺活量、提高内脏机能，增强身体的协调能力，增大上下肢的伸展幅度。同时，长拳对于身体姿势和演练技法有一定要求，可以使大学生形成良好的身体姿势，体现出武术的“精、气、神”。

（二）基本技术

1. 预备势

提肘抱拳和转头要快速、协调，做到头正、颈直、颏收、挺胸、立腰、收腹，精神饱满，眼视左前方。

2. 并步抱拳礼

撤步转身与两臂左右分开要一致，收步与抱拳要一致。抱拳礼动作刚柔相济，眼看前方。抱拳礼的动作规格：双脚并步站立，左掌右拳在胸前相抱，高于胸齐，掌拳与胸间距为 20～30 cm。整个动作强调用力均匀、精神饱满。

3. 左右冲拳

侧上步并步与冲拳动作要同时完成，左右冲拳时拳从腰间冲出，另一拳收抱腰间，做到挺胸、立腰、步稳、眼随手动。

4. 开步推掌、翻掌抱拳

向前推掌时要头正、颈直、挺胸、立腰、敛臀，眼看两掌。翻掌收抱动作要快速有力，收左脚并步抱拳与转头要同时完成。

5. 震脚砸拳

提膝与向上拧臂、震脚与砸拳要协调一致。砸拳时不可低头弓腰。

6. 蹬腿冲拳

冲拳时要拧腰、顺肩，上体正直。

7. 马步左右冲拳

马步左右冲拳要步稳、身正，冲拳快速有力。

8．震脚砸拳

同第 5 步。

9．蹬腿冲拳

同第 6 步。

10．马步右左冲拳

同第 7 步。

11．插步摆掌

插步与双摆掌要同时完成。

12．勾手推掌

右后转体时要两掌收于腰间，然后再做勾手推掌动作。转身要圆滑，勾手推掌与弓步要协调一致、快速有力。

13．弹踢推掌

弹腿与推掌要同时完成，力达掌根。

14．弓步冲拳

落步成弓步与冲拳同时完成，弓步后腿蹬直。

15．抡臂砸拳

转体抡臂绕环要协调，砸拳与震脚要同时完成。

16．弓步冲拳

左弓步转换成右弓步时左脚要内扣，右脚要外展。随转体左右冲拳要快速有力，眼随手动。

17．震脚弓步双推掌

转身震脚与两臂交叉上举绕至腰间动作、落步与双推掌动作要协调一致。震脚有力，转身震脚与两臂交叉上举绕至腰间，动作要有瞬间停顿，落步时推掌，以突出动作的节奏。

18．抡臂拍脚

抡臂要走立圆，踢摆时脚面绷直，快速有力，击拍响亮。

19．弓步顶肘

顶肘动作刚劲有力，强调攻防内涵，用肘尖用力撞击，腰身要协调配合。

20．歇步冲拳

撤步与盖掌、歇步与冲拳要协调连贯。

21．提膝穿掌

强调提膝要过腰，右掌在左掌背上穿出，提膝与穿掌要同时完成。

22．仆步穿掌

仆步拧腰、转头与穿掌动作要协调一致。仆步右腿要全蹲、立腰。

23．虚步挑掌

虚步时支撑腿要蹲下，重心落在后腿上，前脚掌虚点地面。挑掌要翘腕立掌上挑，力达四指。

24．震脚提膝上冲拳

提膝、上冲拳与转头要同时完成。上冲拳时注意上臂要贴近耳。定势动作要求挺拔、稳定、精神饱满。

25．弓步架拳

转身落步要轻、稳，弓步与架拳、冲拳要同时完成。

26．蹬腿架拳

压肘要有力，与蹬踹同时完成。右腿后落成弓步与架拳同时完成。

27．转身提膝双挑掌

提膝时重心要稳，挑掌时肩腕放松。转身摆掌走立圆与提膝同时完成。挑掌抖腕要先柔后刚、手眼相随。支撑腿五趾抓地。

28．提膝穿掌

落左脚和左掌盖压右抱拳、提膝与穿掌要同时完成。支撑腿与右臂要充分伸直。

29．仆步穿掌

仆步甩头、拧腰、穿掌要同时完成，眼随手动，身法、眼法与动作要协调配合。

30．仆步抡拍

抡臂时松肩，以腰带臂走立圆，快速有力。上抡臂要贴耳，下抡臂要贴近腿，眼看拍地方向。

31．弓步架栽拳

弓步架栽拳动作要自然，架、栽拳与转头要同时完成。

32．收势

上步和分掌、并步与抱拳要协调配合，眼随手动。还原姿势要做到两臂下垂，贴靠大腿外侧的同时转头，目视前方。

四、散打

（一）散打概述

散打也称散手，是两人根据一定的规则，运用踢、打、摔和防守等方法进行徒手对抗的竞技项目。散打讲求远踢、近打、贴身摔。大学生长期练习散打，能有效地增强体质，提高力量、速度、灵敏性、柔韧性、自我保护能力和抗击打能力。

散打是中华武术的精粹，是我国劳动人民在长期的劳动生产中创造和发展起来的具有独特风格的民族传统体育项目。散打在古代也称为相搏、手搏、卞、拍张、技击等，多用徒手相搏的形式在台上进行，又名“打擂台”。

1987 年，散打被国家体育运动委员会批准为正式比赛项目，并设“团体锦标赛”和“个人锦标赛”赛制。2000 年，首届中国武术散打王争霸赛在湖南长沙举行，这成为我国散打发展史上的里程碑，自此散打在我国进入了专业赛制的时期。

（二）散打基本技术

本节讲解散打的基本姿势及步法、腿法、拳法、摔法等基本技术。

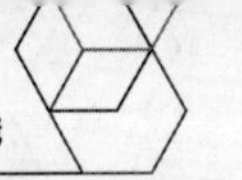

1. 基本姿势

散打的基本姿势（实战姿势）：身体侧立，两脚前后开立（左脚在前为正架，右脚在前为反架），略比肩宽，两脚尖内扣，两膝微屈；两手握拳，左前右后，拳眼朝上，左臂屈肘成 90°～110°，左拳与鼻同高，右臂弯曲，肘关节夹角小于 90°，双肘内夹护于两侧软肋部；下颌微收，闭嘴合齿，含胸、拔背、收腹，左拳正对对手。

双方对峙时，一方成正架，另一方成反架，构成的对峙姿势称为开放势（见图 3-214）；双方预备势均是正架或反架，构成的对峙姿势称闭合势（见图 3-215）。

图 3-214　开放势　　　图 3-215　闭合势

① 躯干：保持中正，含胸、拔背，两肩略内扣，重心稳固，暴露给对手的有效部位越少越好。

② 下肢：前脚跟与后脚趾间距约为本人两脚长度，身体重心落于两脚间；脚踝自然、放松，保持弹性随机变向；两膝略弯并微内扣，保持待发状态；收胯敛臀。

③ 上肢：手强调灵活多变，肘注意保护肋部。

④ 头部：目视对手，目光盯住对方两眼与两肩的范围，余光涵盖其全身，要明确眼光的主、次分布。

2. 步法

步法直接影响攻防效果，是散打技术的重要内容。

（1）上步

后脚前蹬向前迈进一步，原前脚迅速跟进半步，同时左右拳前后交换成反架势。整个过程重心要保持平稳。

（2）退步

后脚后退半步，前脚跟随回收半步。整个过程应快速平稳，衔接自然。

（3）换步

左脚与右脚同时蹬地并前后交换，同时两拳也前后交换成反架姿势。应以髋关节带动两脚，身体不可明显腾空。

（4）盖步

右脚向左脚前迈步，脚尖外展，左脚跟离地，两膝微屈，重心偏于右脚，如图 3-216 所示。整个过程身体不转，重心平稳。

（5）插步

右脚经左脚跟左横移一步，两脚呈交叉。后插脚时要贴近地面，不可上抬，落地，如图 3-217 所示。插步后，左脚要及时上步还原成基本姿势。

图 3-216　盖步

图 3-217　插步

（6）撤步

前脚向内后回收一步，成右前左后。左脚跟离地，右脚尖外展。

3．腿法

下肢较上肢粗壮有力，进攻威力大，防守有效。所谓三分拳七分腿，腿法技术在散打中具有重要地位。

（1）蹬腿

支撑腿略屈，另一条腿提膝上抬，含胸，收腹，脚尖勾起，向前上方蹬出，力达腿跟；也可送髋，脚掌下压，力达前脚掌。图 3-218 所示为左蹬腿；图 3-219 所示为右蹬腿。

动作要点：屈膝蹬脚，爆发用力，快速连贯；蹬腿路线为直线，根据目标调节高低；注意保持身体平衡。

图 3-218　左蹬腿

图 3-219　右蹬腿

（2）踹腿

支撑腿略屈，脚尖外展，另一条腿屈膝上抬过腰靠近胸部，大小腿夹紧，腿尖勾起，小腿外翻，脚掌正对攻击目标，展髋，挺胸向前用力跺出，力达脚掌，同时支撑腿挺直，上体适当侧倾。左踹腿如图 3-220 所示，右踹腿如图 3-221 所示。

图 3-220　左踹腿

图 3-221　右踹腿

动作要点：上体正直，以大腿推动小腿，大腿、小腿和脚掌成直线向前发力；踹出时，上体侧倾的斜度随攻击点的高度变化，攻击点越高倾斜度越大；支撑腿以前脚掌为轴碾地，脚跟内收。

（3）转身后扫腿

左转身后扫腿：右脚向左脚前上步，脚尖内扣，膝微屈，身体向左后转 360°，上体随转体稍侧倾，左腿经左后向前横扫，脚面绷平，力达脚掌，目视击点，如图 3-222 所示。

右转身后扫腿：身体向右后转 360°，右腿横扫，如图 3-223 所示，其余动作要领同左转身后扫腿。

图 3-222　左转身后扫腿

图 3-223　右转身后扫腿

动作要领：转体时，以头领先，腰背发力，展髋，挺膝，绷脚背，扫腿动作应果断、敏捷、迅速。

（4）扶地后扫腿

左腿屈膝全蹲，以前脚掌为轴，两手扶地，上体向右后方转体 360°，展髋，带动右腿直腿后扫，脚掌勾紧内扣，力达脚跟至小腿下端背面，如图 3-224 所示。

动作要点：以转体带动扫腿，扫腿动作要迅速有力。

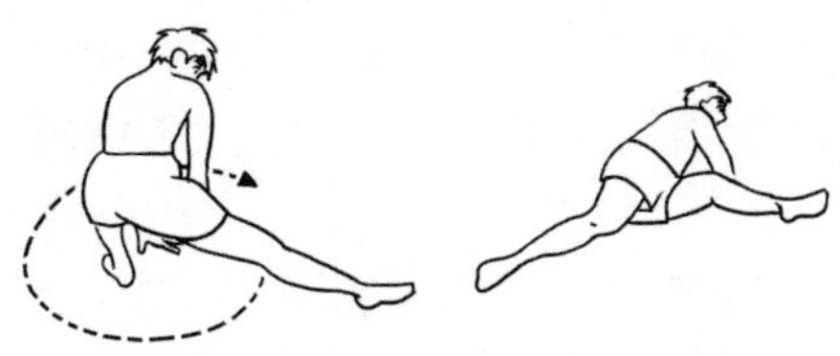

图 3-224　扶地后扫腿

4．拳法

（1）冲拳

以基本姿势站立，拳向鼻尖方向直线出击，同时左（右）拳由拳心向右（左）内旋成拳心向下，臂伸直，同侧肩前顺，力达拳峰，然后拳按原路直线回收，恢复基本姿势。图 3-225 所示为左冲拳，图 3-226 所示为右冲拳。

动作要点：速度要快，力量要强，姿势要灵活；上体保持中正；发力顺序为脚、腿、腰、肩、臂，力直达拳面。

图 3-225　左冲拳　　图 3-226　右冲拳

（2）掼拳

左掼拳：左脚蹬地，上体微向右转，左拳向左前摆出，高与肩平，肘微屈，翻至水平；然后左前臂内绕划弧平击，左拳向右横击，拳心朝下，力达拳面或拳心，也可力达掌根（以适应较远距离和增加杀伤力），右拳护于腮旁，如图 3-227 所示。

右掼拳：出右拳，动作要领与左掼拳相同，唯左右相反（见图 3-228）。

动作要点：合胯转腰与掼拳发力要协调一致；出拳时，肘尖微抬，肩、肘、腕基本水平；收拳时，肘部应迅速回防肋部。

图 3-227　左掼拳

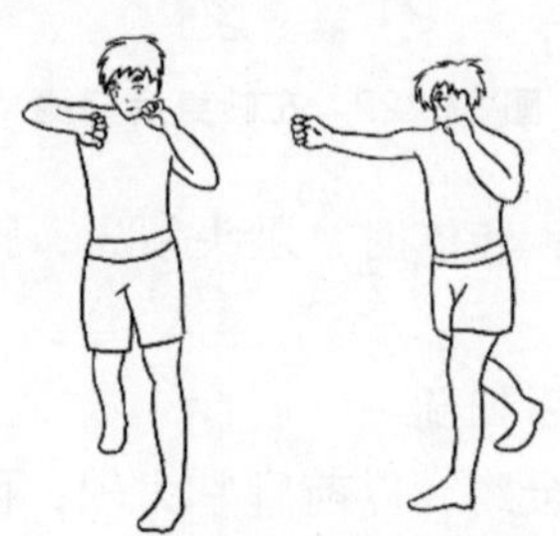

图 3-228　右掼拳

（3）抄拳

重心略下沉，脚蹬地拧转，上体左（右）转，拳由下向前上方猛力勾起，肘部夹角为 90°～110°（根据与对手的距离而定），拳心朝里，力达拳峰。左抄拳如图 3-229 所示，右抄拳如图 3-230 所示。

动作要点：蹬脚、扣膝、合胯、转腰的合力由下至上，协调顺达；抄拳时，臂应先微内旋再外旋，拳呈螺旋形运动。

图 3-229　左抄拳　　图 3-230　右抄拳

5. 摔法

（1）夹颈过背摔

双方由基本姿势开始，甲方为白腰带，乙方为黑腰带（以下均同）。

甲以左冲拳击乙头部，乙用前臂格挡甲左前臂，左臂由甲右肩上穿过，屈臂夹甲颈部（见图 3-231）。同时，乙右脚背步至与左脚平行，两腿屈膝，身体右转，以左髋顶住甲，继而两腿蹬伸，向下弓腰，低头，将甲背起摔倒（见图 3-232）。

图 3-231 夹颈过背摔 1

图 3-232 夹颈过背摔 2

（2）抱腿过胸

甲用右冲拳击乙头部（见图 3-233），乙上左步，屈膝弓腰，两手抱甲双腿或单腿（见图 3-234），同时跟上右步，蹬腿前冲并挺身将甲抱起后向后弓腰，仰头左转身抛出甲（见图 3-235），亦可仰头后倒。

图 3-233 抱腿过胸 1

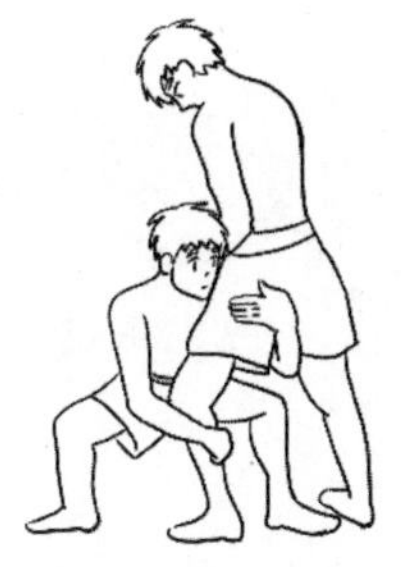

图 3-234 抱腿过胸 2

图 3-235 抱腿过胸 3

（3）抱腿别腿

甲以左腿击打乙胸腹部，乙左手抄接腿，右手夹抱，如图 3-236 所示，同时向甲右腿后上左步，上体转体，呈右弓步，以左腿别甲左腿，同时用胸下压甲左腿，将甲摔倒。

（4）穿腿靠摔

甲乙开放式对峙，乙近身上步至甲右腿外侧，同时沉身，以左臂从正面向甲两腿间插入，从甲左腿膝后勾搂，随即上体左倾并后仰，屈膝前顶，将甲靠倒，如图 3-237 所示。

图 3-236　抱腿到腿

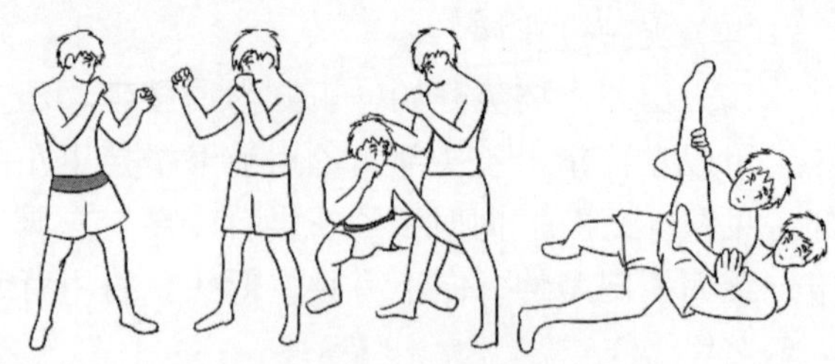

图 3-237　抱腿靠摔

（5）接腿勾踢

甲侧踹，乙左手抄接腿，同时右手横臂下压与左手形成夹状（见图 3-238），上左步压重心，随后右手臂上提甲大腿或前推甲，右脚向甲支撑腿踝关节处勾踢（见图 3-239）。

图 3-238　接腿勾踢 1

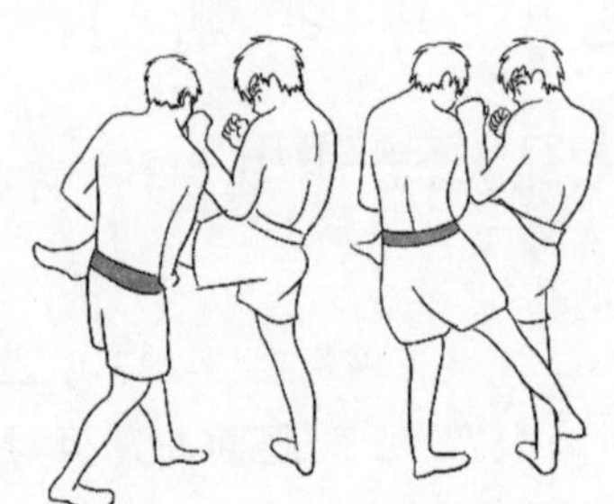

图 3-239　接腿勾踢 2

散打时，要注意攻防兼顾。

（三）散打的竞赛规则

1. 场地和装备

散打比赛在高 0.6m、长 8m、宽 8m 的台上进行，水上擂台在长、宽各 7m，高出水面 0.5m 的台上进行。

拳套重量：65kg 级及以下级别为 320g，70kg 级及以上级别为 280g。

比赛分红方、黑方，双方运动员要戴护具，包括护头、护肢、护腿、护裆、护脚背和打套。

2. 禁击部位和禁用方法

禁击部位：后脑、颈部、裆部。

禁用方法：用头、肘、膝和反关节的动作进攻对方，用迫使对方头部先着地的摔法或有意砸压对方，用腿攻击倒地方的头部，用拳连击对方头部。

3. 得分标准

得分部位：头部、躯干、大腿、小腿。

以下情况得 3 分：在一局比赛中，一方第一次下台，对方得 3 分（水上擂台需对方胜一局）；一方用转身摆腿击中对方躯干部位且自己站立得 3 分；一方用主动倒地的动作致使对方倒地，且自己即刻站立得 3 分；一方使用勾踢将对方踢倒且自己站立得 3 分。

以下情况得 2 分：一方倒地，站立者得 2 分；一方用腿法击中对方躯干得 2 分；一方被强制读秒一次，对方得 2 分；一方受警告一次，对方得 2 分。

以下情况得 1 分：一方用手击中对方得分部位得 1 分；一方用腿击中对方和下肢得 1 分。

4. 胜负评定

散打比赛为单败淘汰赛，每场比赛三局两胜，每局净打 3 分钟（女子比赛每局为 2 分钟），中间休息 1 分钟。下面是 3 种胜负评定标准。

① 优势胜利：一方被重击倒地不起达 10s 或虽能站立但知觉失常，判对方为胜方；在一场比赛中，一方被重击强制读秒达 3 次，判对方胜；在一场比赛中，3 次有效使用 3 分动作者为胜方。

② 每局比赛结束，依据边裁判员评判结果，得分高者为该局胜方。

③ 在一局比赛中，一方受重击被强制读秒 2 次，对方为胜。

5. 竞赛项目

男子设 6 个级别：52kg、56kg、60kg、65kg、70kg、75kg。

女子设 2 个级别：48kg、52kg。

6. 竞赛礼节

介绍运动员时，运动员向观众行抱拳礼；每场比赛开始前，运动员相互行抱拳礼，宣布结果时，运动员交换站位，宣布后，双方行抱拳礼，再同时向台上裁判员行抱拳礼，裁判回礼；运动员向对方教练员行抱拳礼，教练员回礼。

五、女子防身术

（一）基本原则

1. 把握时机

女性一般缺乏直接的暴力对抗能力，最好利用歹徒的无防范心理，达到自卫防身的目的。所以女性遭遇攻击时，必须善于抓住机会与制造机会，隐蔽、突然地发动攻击一招制敌。

2. 临危不乱

当女性遭受侵害时，必须沉着冷静。因为只有保持清醒的头脑和良好的心理状态，才能临危不乱，并准确、有效地运用防卫技术动作。相反，如果遇事慌乱，那么身体动作就会失去协调性，身体各部位的肌肉就会非常紧张，身体运动的耐力就会受到影响，使得技术动作不能很好地发挥。这样就不能取得快速制敌的效果，反而会危害自身的安全。

3．防卫恰当

危急情形下的自卫防身技术动作对人体伤害很大，甚至是一招致残、一招致命，所以在使用这种技术时，必须要有一定的节制，而且还要根据不同的情境选用程度不同的技术动作。女性在受到侵害时要注意避免防卫不当或过当。

4．应对准确

女性在自卫防身时，既要明确自身的身体姿势，如站立、坐卧、前倾、后仰等，又要观察歹徒的进攻姿势，如搂、抱、掐、拳打、脚踢等；还要根据歹徒的进攻姿势选择相应的技术动作，以最有效的反击方式和最快的速度，向歹徒发起有力攻击。此外，应临场观察歹徒的身高、胖瘦等情况，将自身与歹徒对比，从而采取正确的对抗措施。

（二）基本技术

1．仰卧被按压时

当歹徒跨立于女性身体上方，俯身抓、掐、压时，可以抬腿蹬击其裆部，如图 3-240 所示。其要领是要抬起腰、臀，用出将身体送出去的力量猛蹬。

如果手臂未被控制住，在较近的距离内可以直接戳击歹徒的眼睛和咽喉，从而达到意想不到的效果，如图 3-241 所示。在手臂被控制住的情况下，则可以用头锋撞击歹徒鼻梁，抬头要猛，如图 3-242 所示。

图 3-240　抬腿蹬击裆部

图 3-241　戳击双眼

图 3-242　以头锋撞击鼻梁

2．正面被抱时

当女性被歹徒正面抱腰时，如果手臂未同时被抱住，那么歹徒的头部就全部暴露而失去防护，以肘部攻击歹徒太阳穴是最好的选择，如图 3-243 所示。这时也可以采用叉眼、戳喉、折手指等方法。

当女性的两手臂也被拦腰抱住时，不要试图抽手臂，因为越抽会被抱得越紧。这种情况下可以攻击歹徒裆部。如只求解脱，则用鞋子较硬处猛踢其胫骨，或者用脚跟猛踩其脚面即可。

3．背后被抱时

当女性被歹徒从背后抱住时，若手臂未被抱住，则可抬手以反手横肘向后猛击歹徒太阳穴，也可以反方向折其拇指、小手指或用脚跟猛踩其脚面。

若手臂也一起被抱住，则可伸手抓、握、提歹徒的生殖器。歹徒抱住腰际，必然弯腰，头部较低，这时也可猛仰头以后脑击其面部。

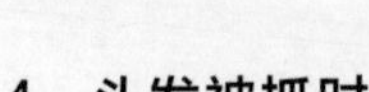

4. 头发被抓时

歹徒抓住女性的头发往前拖扯时，一般其裆部的要害部位会全部暴露，并正处于女性面对的方向，如图 3-244 所示。这时，女性应借助抓拉之力和惯性，将膝头高提，以提膝的打法猛撞歹徒裆部。若女性被歹徒拖着头发往前走，则应以手掌自歹徒后裆猛地插入，使用掏裆法。此外，头发被抓也可用掌尖顺歹徒手臂猛力插击其腋窝。

5. 被掐脖子时

当女性被歹徒单手掐脖子时，可迅速以另侧手按压住其手掌，向左旋身，抬起右臂，以与歹徒同侧胳膊的小臂猛击其手臂外侧肘关节，如图 3-245 所示。也可以在歹徒抓住时往外挣扎，利用歹徒往回拉的力，顺势扑上去猛提膝击裆。

图 3-243 以肘连续攻击

图 3-244 提膝撞裆

图 3-245 攻肘断肘

歹徒双手抓住女性身体时，手臂要举起来，腋下必然暴露。因此，女性可在歹徒往回拉时，用掌尖攻击其腋下。另外，因为此时双方距离很近，歹徒没有手可用来防护，女性便可抬手以拳角、手指等攻击歹徒的眼睛。

3.11 跆拳道运动

跆拳道，是一项运用手脚技术进行搏击格斗的体育项目。“跆”意为以脚蹬踢、腾跃，“拳”意为以拳头击打、防御，“道”意为人生的正确道路，是技术方法和精神的修炼。本节简要介绍跆拳道的起源、发展和竞赛规则，详细讲解其技术要领。

一、跆拳道运动简介

跆拳道是在我国传统武术和日本空手道的基础上，创新与发展起来的一门独特技击术，由品势（拳套）、搏击、功力检验 3 部分内容组成。跆拳道最注重的并非格斗，而是提高技艺和磨炼品质，使练习者在艰难的练习中培养出理想的人格和体魄。

1973 年，世界跆拳道联合会在汉城成立，同年，跆拳道第一届世界锦标赛举行。1974 年，第一届亚洲锦标赛举行。1980 年，其被国际奥委会正式承认。1986 年，跆拳道被列为第 10 届亚运会正式比赛项目。1988 年，其成为第 24 届汉城奥运会表演项目。2000 年，其被列为第 27 届悉尼奥运会正式比赛项目。每年的 9 月 4 日为世界跆拳道日。

二、跆拳道运动级别划分

跆拳道有“十级”“三品”“九段”的划分。“级”分为 10 级至 1 级，10 级水平最低，1 级较高。1 级以后入“段”，段位从低到高分为一段至九段。未成年选手达到一段至三段水平，则授予“一品”至“三品”。腰带的颜色代表选手的技术水平，从低到高依次为白带（10 级）、白黄带（9 级）、黄带（8 级）、黄绿带（7 级）、绿带（6 级）、绿蓝带（5 级）、蓝带（4 级）、蓝红带（3 级）、红带（2 级）、红黑带（1 级、一品至三品）、黑带（一段至九段）。

三、跆拳道运动技术要领

1. 实战姿势

实战姿势即预备姿势。两脚前后开立（左脚在前为左势，右脚在前为右势），与肩同宽，前脚脚尖右摆 15°～45°，后脚尖为 90°～110°，后脚跟稍提起，膝微屈，身体重心落于两脚之间，如图 3-246 所示。上体直立，斜向右前方，双手握拳，两臂微屈肘，自然垂放，目视前方。

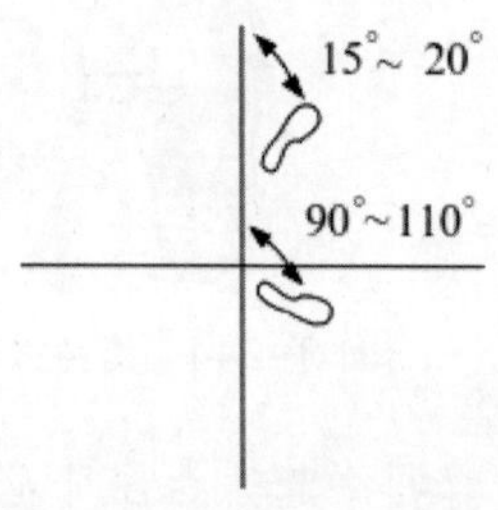

图 3-246 实战姿势

2. 进攻拳法

进攻拳法（直拳）如图 3-247 所示，左脚蹬地，上体快速有力地向左前方扭转。同时，右臂内旋，拳心向下方转动，拳面、前臂、肘关节与肩成一条直线，快速弹伸。

动作要点：蹬地、转髋，转腰、顺肩一气呵成，力达拳面；击打时，全身关节应富有弹性。

3. 进攻腿法

（1）前踢

以实战姿势开始，右脚蹬地，髋关节向左旋转，双手握拳置于胸前；右腿屈膝上提，脚面稍绷直，当大腿抬至水平或稍高时，小腿快速向前上方弹出，右腿踹直，用脚面或前脚掌击打目标，如图 3-248 所示；踢击后快速右转髋，使小腿沿原路折叠返回，右脚落于左脚前，仍成实战姿势。前踢发力部位由脚尖改为脚跟时，前踢动作即变为前蹬动作。

图 3-247 进攻拳法

图 3-248 前踢

前踢的主要攻击部位为面部、下鄂、腹部等，亦可用于防守。

动作要点：抬腿时，膝关节夹紧，小腿放松；高踢时，髋关节往前送，膝关节抬高；小腿前踢与回收速度一样迅速。

（2）横踢

以实战姿势开始，右脚蹬地，重心前移至左腿，右腿屈膝提起，双手握拳置于胸前；左脚外旋 180°，髋关节左转，左膝内扣，同时小腿迅速有力地向左前方横向踢出，力达脚背；顺鞭打之势上体右转，右腿屈膝回收，右脚落回原处，成实战姿势，如图 3-249 所示。

横踢的主要攻击部位为头部、胸部、腹部、肋部等。

动作要点：转身、踢腿要一气呵成；踢腿时，腰、髋、膝、腿、踝成一直线，踝关节下扣。

图 3-249　横踢

（3）侧踢

以实战姿势开始，右脚蹬地屈膝提起，左脚以前脚掌为轴外旋 180°，髋关节左转；同时右脚向右前方直线踢出，力点在于脚刃与脚跟，如图 3-250 所示。发力后沿起腿路线收腿落地，成实战姿势。

图 3-250　侧踢

侧踢的主要攻击部位为头部、胸部、腹部、肋部、膝部等。

动作要点：起腿时，大小腿、膝关节夹紧；提膝、转体、展髋一气呵成；踢击时，头、肩、髋、腰、膝、腿、踝在同一直线上。

（4）后旋踢

以左势开始，两脚掌均内旋约 180°，身体随之右转约 90°，上体持续右转，与双腿拧成一定角度，右脚蹬地，以髋关节为轴提膝摆起，右腿继续向右后旋摆鞭打，呈弧形摆至身体右侧后，右腿屈膝回收，顺势放松，仍成左势实战姿势。

后旋踢的主要攻击部位为头部、胸部等。

动作要点：转身、旋转、踢腿一气呵成，无停顿；重心在原地旋转 360°，屈膝抬腿的速度要快；蹬地、转腰、转上体、摆腿顺序发力，击打点在正前方，呈水平弧线。

（5）下劈

以左势开始，右脚向后蹬地，身体重心前移至左腿，双手握拳置于胸前；右腿以髋关节为轴屈膝上提，左脚跟提起，左腿伸直；膝关节至胸部时，小腿迅速向上伸直，右脚尽量上举至头部上方。然后放松、快速下落，以右脚掌与脚跟为力点劈击目标，右脚落地，成右势实战姿势，如图 3-251 所示。

图 3-251 下劈

下劈的主要攻击部位为头顶、面部等。

动作要点：身体重心往高起，向上送髋；脚尽量高抬，往头后举；起腿要快速、果断；脚、踝关节放松往下劈落，落地应有控制。

（6）推踢

以实战姿势开始，右脚蹬地，身体重心前移至左脚，右腿屈膝提起，左脚以前脚掌为轴外旋约 90°，重心向前压，同时右脚迅速向正前方水平推踢，力达脚掌，如图 3-252 所示，推踢后迅速屈膝，身体重心前落成左势。

推踢的主要攻击部位为腹部。

动作要点：提膝时尽量收紧膝关节；身体重心往前移，增加前推力度。

图 3-252 推踢

（7）后踢

以实战姿势开始，转身，背对对方，右脚前蹬后屈膝提起，髋关节收紧，右脚贴近左大腿；随即左腿蹬地伸直，右脚向右后方随展髋伸膝向后方直线踢出，上体侧倾，力达脚跟，如图 3-253 所示；踢击后，右腿按原路线迅速收回，成实战姿势。

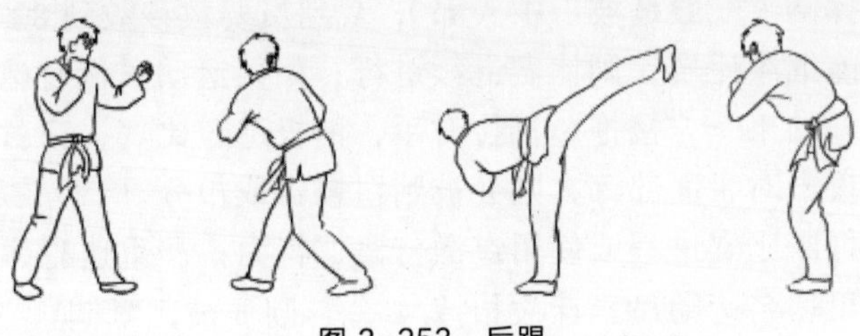

图 3-253 后踢

后踢的主要攻击部位为头部、胸部、腹部、裆部、膝部等。

动作要点：起腿后上体和大小腿应折叠收紧，蓄势待发；转身、提腿、出脚、发力一气呵成。

四、跆拳道运动竞赛规则

1. 行礼

比赛开始前，双方运动员互相敬礼以表示尊重。场上裁判发出“准备”和“开始”命令后，比赛正式开始。

2. 赛制

跆拳道比赛分为 3 局，每局 2 分钟，局间休息 1 分钟。蓝方和红方选手使用规则允许的技术动作努力击败对手。比赛结果根据双方运动员 3 局的得分总和来判定，得分多者为胜者。

3. 允许攻击的部位

跆拳道竞赛中允许攻击的部位只有两个，一是头部，二是躯干。在对抗中，允许使用拳和脚的技术攻击躯干被护具包裹的部分，但禁止攻击后背脊柱。允许使用脚的技术攻击对手头部，但不能攻击对手的后脑部位。即可以用脚踢击对手头部和被护甲包裹的躯干部位，但不能用脚踢击对方后脑部分，同时禁止用拳击打头部。运动员可以使用拳的技术击打被护甲包裹的躯干的前面和侧面部位。

4. 得分

在比赛中，用脚踢击对手躯干部位一次只能得 1 分，用脚击打对手头部则可以得 2 分；如果击倒对手，裁判员读秒后再加 1 分。因此，虽然用脚踢技术击打对手头部的难度比较大，但许多运动员在比赛中还是千方百计地使用脚击打头部的技术，以尽可能多得分。比赛由一名主裁判员在场上主持，其他 4 名边裁判员根据运动员的技术使用情况负责评判并打分。在比赛中，判断一名运动员是否得分，关键要看运动员的技术是否准确、被允许、有力及有效。跆拳道赛场上加油声、呐喊声不断，判断一方运动员是否得分，可以看双方运动员进攻和反击时的动作，并随时看计分板；一个运动员如果得分了，在 1 秒钟内裁判员会按压手中的采分器，该运动员的得分也就及时公布在计分板上了。

5. 警告和扣分

现在的跆拳道竞赛规则对运动员倒地的判罚比较严厉。一般来说，运动员故意倒地有可能被裁判员判罚一个警告。如果是意外滑倒和被对手重击倒地或是技术性倒地（即在使用动作时无法控制身体平衡而倒地）则不被判罚。如果一名运动员被对方合理技术击中而身体摇晃或摔倒（一般是被击中头部），裁判员要数秒数到 8。如果数到 8 时，该运动员站起来表示能继续比赛，则比赛继续进行；如果运动员没有站起来，则另一方赢得比赛。在比赛中，如果一方搂抱、推拉对手，消极逃避比赛，用肘、膝顶击对手，摔倒对手，故意用拳攻击对手面部等，则会被判罚警告或扣分。

场上的教练员打断比赛进程或使用过激言语、行为，严重违犯体育道德也会被主裁判警告或扣分。如果一名运动员累计被扣掉 4 分，则要被判“犯规败”，也就意味着输掉了这场比赛。

6．加时赛

在一场比赛中，如果双方打满 3 局出现平分的情况，则要进行加时赛。加时赛实行“突然死亡法”，即先得到 1 分的一方获胜。比赛结束后，运动员在比赛区域内相对而站，听到裁判员的口令后互相行礼，等候裁判员的判定。裁判员举起哪一侧的手臂，就说明哪一侧的运动员获胜。

第4章 运动卫生与运动损伤

Chapter4

一、运动卫生

（一）运动的心理卫生

为使个人保持积极的运动兴趣，预防思想疲劳，促进其身心健康发展而采取的措施、手段、方法等都可以纳入心理卫生的范畴。在运动的过程中，由于各人性格不同及其他因素的影响，一些人可能出现心理障碍。要达到运动的心理卫生，就要做到“二有三无”：有运动欲望，有愉快氛围，无厌恶情绪，无胆怯心理，无自卑心态。

1. 要有强烈的运动欲望

大学生在运动前，要存在跃跃欲试的运动欲望；在运动中，要保持积极乐观的运动热情；在运动后，要拥有酣畅淋漓的运动满足感。要做到这几点，大学生可以与朋友、亲人等一起参加运动，在运动中互相鼓励，良性竞争；还可以选择自己较为感兴趣的运动项目，尽量使运动与娱乐、健身与悦心相结合。

2. 要有愉快的运动氛围

人体的心理活动直接影响生理机能。大学生在运动时要重视心理调节，包括情绪、心境、意志等的调整，以保持心情舒畅，取得良好的锻炼效果。

3. 避免厌恶情绪

大学生要改变对运动的厌烦，应从培养体育兴趣，确立锻炼目标入手。例如，女生可以从陶冶气质、完美自我的形体运动入手，学习体育舞蹈；男生则可以从塑形、强魄的健美运动开始。运动贵在坚持，在长期的体育锻炼中，大学生的厌恶情绪会逐渐减少。

4. 克服胆怯心理

个人因为运动项目过难、运动负荷过大、意志品质薄弱等原因，都可能对运动产生胆怯心理，表现为犹豫不决、半途而废等。大学生在运动中的胆怯心理可以通过与同伴交流，请老师示范等克服，逐步树立勇敢的信念。

5. 消除自卑心态

大学生在运动中产生自卑心态的原因众多：自我评价过低，身心存在缺陷，体育成绩较差，别人过多指责等。大学生要消除自卑心态，应学会对自己的成绩给予肯定，并就以前和现在的状况进行比较，总结进步的原因，不断增强自信。

（二）运动的生理卫生

1. 环境的卫生要求

大学生在运动时应选择空气清新、地面平坦，设施安全的场所。植物具有净化空气

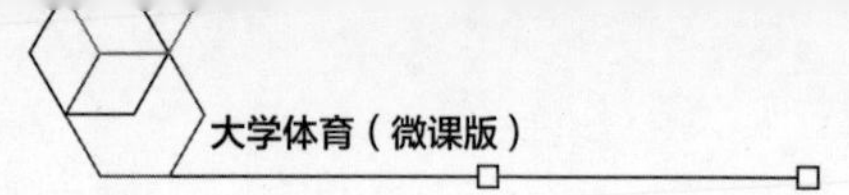

的作用，公园里树木较多，是开展运动的最佳场所。运动时忽视环境卫生，不但不能达到健身的目的，甚至会危害健康，导致呼吸系统的疾病。

2．场地器材的卫生要求

大学生在运动时应注意场地器材的卫生情况，如球场是否有杂物，沙坑是否挖松，单双杠是否牢固等，发现隐患应及时消除。

3．运动服装的卫生要求

大学生在运动时选择的服装不仅要满足体育锻炼的基本的需要——轻便、舒适，还要根据不同季节具有散热、透气、保温等功效。

4．饮水的卫生要求

运动中出汗较多，运动后大学生需要及时补充水分，否则会造成机体缺水，影响正常的生理机能能力。

① 运动后应坚持少量多次的饮水原则，为身体充分补水的同时，利于水分的快速吸收，并减轻心脏、肾脏等器官的负担。

② 运动后应喝温开水和淡盐水，不宜喝自来水、冰水、饮料等，否则会剧烈刺激食道、胃肠，不利于健康。

③ 运动前后不宜大量饮水。运动前饮水过多，会使腹部沉重，影响呼吸，不利于运动；运动后，人体需要补充大量的营养物质，饮水太多会把胃内的消化液冲淡，直接影响人体对食物的消化和吸收。

5．洗澡的卫生要求

运动后不宜立即洗澡，这是因为停止运动后，血液大量流向肌肉的情况仍会持续一段时间，这时如果大学生立即洗热水澡，就会导致其他重要器官血液供应不足（如心脏和大脑的供血不足），大学生会出现头昏、恶心、全身无力等状况，严重的还会诱发其他疾病。运动后立即洗冷水澡更是弊多利少，这会导致大学生运动时体内产生的大量热量不能很好地散发，形成内热外凉，破坏人体的平衡，极易生病。因此，大学生在运动后应休息 10～30 分钟（脉搏恢复到接近正常数为宜）后再洗澡，最适宜的水温为 40℃左右。

二、运动损伤

（一）运动损伤概述

运动损伤，广义而言就是发生在体育活动过程中的机体伤害，由身体外部或内部的力量或暴力造成。损伤部位与运动项目及专项技术特点有关。

造成运动损伤的原因是多方面的，可分为主观因素和客观因素。主观因素包括缺乏安全意识、体质水平较差、体育基础薄弱、运动情绪低落、准备活动不充分、身体状态不佳等。客观因素包括环境气候恶劣、运动负荷过大、运动技术较难、场地器材不当、违反规则等。

1．运动损伤的分类

按照不同的标准，运动损伤的分类方法众多。

① 按损伤病程分：可分为急性损伤和慢性损伤。急性损伤多指运动者一瞬间遭受

直接或间接外力造成的损伤，慢性损伤包括劳损伤和陈旧伤。

② 按损伤性质分：可分为开放性损伤和闭合性损伤。开放性损伤指伤后皮肤和黏膜不再完整，受伤组织有裂口与体表相通；闭合性损伤指伤后皮肤或黏膜仍保持完整，无裂口与体表相通。

③ 按损伤程度分：可分为轻伤、中等伤和重伤。轻伤指运动者仍可正常锻炼，中等伤指运动者需停止或减少伤部的体育活动，重伤指运动者完全不能参加运动。

④ 按受伤组织分：可分为皮肤损伤、肌肉与肌腱损伤、关节软骨损伤、滑囊损伤、骨损伤、神经损伤、血管损伤、内脏器官损伤等。

2. 避免运动损伤

伤后治疗不如事先预防。避免运动损伤重在预防，重点可参照以下原则。

（1）遵循科学原则

运动前做好准备活动，运动后进行放松整理；合理设置运动强度，恰当安排运动间歇；选择适宜的场地器材，穿着舒适的运动服装；运动后配以运动按摩，缓解疲劳，增强机体运动能力。

（2）加强自我保护

大学生在运动过程中应形成防止意外受伤的保护心态，并具有防止损伤的知识和能力。例如，高速跑时不能急刹停顿，应逐渐减速，缓停，否则会使踝、膝、髋、腰等关节严重受挫；由高处下落着地时，应双腿并拢屈膝缓冲，若落地时失重不稳，应低头屈肘团身顺势滚翻，以减轻对踝、膝等关节的剧烈撞击；此外，在对抗性较强的运动中，降低重心、加固根底也是较好的自我防护方法。

（3）坚持自我检查

大学生应根据不同运动项目的特点，自觉进行自我测试，以便尽早发现端倪，及时治疗。例如，易患髌骨软骨软化的运动项目应做“半蹲试验”，易出现肩袖损伤的运动项目应做肩的“反弓试验”。

（4）重视医务监督

除常规的健康检查外，大学生还应根据运动损伤的发生规律，补充针对性检查，如多参加体操、举重者需定期拍摄 X 线脊柱片，热爱篮球、铁饼者应注意是否有髌骨软骨软化等。

（5）强调重点部位。

对于脚背外侧、拇指的根部等习惯性易伤部位，大学生除要充分做好准备活动外，还要注意正确使用保护带，如护踝、护指、绷带等。

（二）常见的运动损伤及处理方法

1. 擦伤

定义：表皮受到摩擦导致的损伤。

处理：若创口较浅，面积较小，局部涂上红药水或紫药水即可，无须包扎；若创面较脏或渗血较多时，可先用生理盐水清洗伤口，伤口周围以 75%浓度的酒精消毒，出血比较严重者还应进行止血处理；若是关节附近擦伤，经消毒处理后，可采用消炎软膏或抗生素软膏涂抹，并用无菌敷料覆盖包扎。

2. 扭伤

定义：关节部位突然过猛扭转，致使支撑关节的韧带发生损伤、撕裂等。

扭伤是运动中最常见的外伤，多发生在踝关节、膝关节、腕关节及腰部。扭伤后可发生多种伤情，包括韧带损伤或断裂、骨折脱位、关节软骨损伤、肌腱损伤或断裂等。扭伤会引起血液及滑液流向关节囊，导致关节肿大，严重时会有瘀血，伤者有较强的疼痛感，活动受限。

处理：抬高受伤部位、冷敷，使血管收缩，减轻局部充血，抑制感觉神经，缓解出血、疼痛等症状；然后在伤处垫上棉花，用绷带加压包扎。受伤 48 小时以后改用热敷，促进瘀血的吸收。

“冷敷”又称冷冻疗法，指利用比人体温度低的冷水、冰块等刺激患处进行初期治疗，有止血、退热、镇痛、麻醉和消肿的作用。具体方法是将毛巾浸透冷水后放在伤部，两分钟左右换一次毛巾；或者将冰块装入塑料袋内进行外敷。冷敷法适用于急性闭合性软组织损伤，如挫伤、关节韧带扭伤、早期肌肉拉伤等。

“热敷”也称为热攻，是通过热疗，促使局部血管扩张，改善血液和淋巴循环，促进淤血和渗出液的吸收，具有消肿、散淤、解疼、镇痛、减少粘连和促进损伤愈合的作用。具体方法是将毛巾浸透热水或热醋后放于伤部，每次敷 30 分钟左右。热敷法适用于急性闭合性软组织损伤的中期、后期和慢性损伤。

3. 挫伤

定义：身体某部由于受到钝性暴力而引起的组织损伤。

处理：轻者仅是皮下组织（如肌肉、韧带等）损伤，不需特殊处理，可进行冷敷，24 小时后可服用活血化瘀、消肿止痛的中成药，辅以理疗；重者常因某些器官的严重损伤而合并休克。较常见的挫伤有股四头肌和小腿前部挫伤，应及时送往医院就诊。

4. 肌肉拉伤

定义：肌纤维撕裂而致的损伤。

处理：在痛点上进行冷敷，切忌搓揉及热敷。

5. 脱臼

定义：即关节脱位，指关节面间失去正常的连接。

关节脱位的同时，常常伴有关节囊、周围韧带及软组织损伤，甚至可能伤及神经、血管等。局部会出现疼痛、肿胀、无法活动等症状。

处理：用夹板和绷带临时固定受伤部位，尽快送医院治疗，不可揉搓脱臼部位。

肩关节脱位的临时固定方法：使用两条长毛巾或布带，一条兜住伤肢前臂并挂在颈部，另一条将伤肢固定于胸壁。肘关节脱位的临时固定方法：将伤肢用布条、绷带等固定在夹板上，再将前臂挂起。如无夹板，也可用宽布带将伤肢悬挂在胸前。

6. 骨折

定义：若皮肤没有伤口，断骨不与外界相通，为闭合性骨折；若骨头尖端刺穿皮肤，有伤口与外界相通，为开放性骨折。

处理：对开放性骨折，不可用手回纳，以免引起骨髓炎；对脊柱骨折者，不能抬其头部，以免损伤脊髓；对颈椎骨折者，需扶持其头颈部，用木板抬起伤者，尽快送往医院就诊。